世界の奇跡ニッポン!

SEKAINOKISEKI NIPPON!

【大川半左衛門】

文芸社

まえがき

皆さん、こんにちは、大川半左衛門《おおかわはんざえもん》と申します。小学校の教員をしています。半左衛門なんて、古臭《ふるくさ》い名前ですね。本名ではありません。ペンネームです。

私の先祖が、この名前を名乗ってきました。

私は古くから伝わるものが好きなので、この名前を使いました。

ところで、皆さんは、日本のことが好きですか？

「好きです」とはっきりと答える人が、たくさんいてほしいと思います。

そう、自分の国ですからね。

では、日本はどんなことが世界に自慢《じまん》できますかと聞かれたら、何と答えますか？

美しい自然、進んだ科学技術、アニメ、平和などなど、思いつくことはいくつかありますね。

この本では、学校ではあまり学習しないけれど、知っておいてほしい日本の自慢話をまとめました。

今、科学が進み、世界がどんどん身近になっています。

外国の人とお付き合いする機会もずっと増えました。

インターネットのテレビ電話を利用すれば、小学校の教室からだって外国と通信できます。実際、私はオーストラリアや台湾《たいわん》の子供たちと交流授業を行った経験があります。教室のテレビをつけると、そこには海外の学校の教室が映っていて、会話ができるのです。

子供たちは、宿題の内容や流行《はや》っている遊びについて情報交換しました。まるで夢のようです。私の子供のころには、とても考えられないことが現実にできるようになっているのです。

皆さんが大人になるころには、さらに世界の国の人たちとの交流は増えます。

そんなとき、自分が日本人であることに自信を持ってもらいたい。

堂々と自分の国について語れる人であってほしい。

一人の日本人として自国に誇りを持って外国人とお付き合いしてもらいたい。

そんな願いをこめてこの本を書きました。

まえがき

自分の国を好きになれないような人は、よその国の人ともいいお付き合いはできません。自分の国に誇りを持てない人は、よその国の人から尊敬はされません。

私は、長い間小学校の教師をしてきたので、小学校の高学年に向けてお話しするような語り口調で文章を書きました。でも、話の中身は、小学生には難しいところもあります。むしろ、中学生や高校生に読んでもらいたいと思っています。外国人と接する機会は、小学生より中学生、中学生より高校生のほうが多いですからね。

この本を読んだ若者が、一人でも多く世界へ飛び出し、誇り高き日本人として世界に貢献してくれることを願っております。

著者

平成二十五年四月

目次

世界の奇跡ニッポン！

はじめに

世界では、様々な言葉が話されています。また、着ている服も、生活習慣も国によって違います。信じている神様も違います。

しかし、似ているものもあります。似ている仲間同士を集めて大きく分けることができます。

アメリカのサミュエル・ハンチントン博士という偉《えら》い学者は、世界中の文明を次のような名前をつけて仲間分けしました。

西欧《せいおう》文明・イスラム文明・ヒンズー文明・ラテンアメリカ文明・アフリカ文明・東方正《とうほうせい》教会《きょうかい》文明・中華《ちゅうか》文明・仏教文明などです。

さて、ここで問題です。

日本はどの文明の仲間に入るのでしょうか？

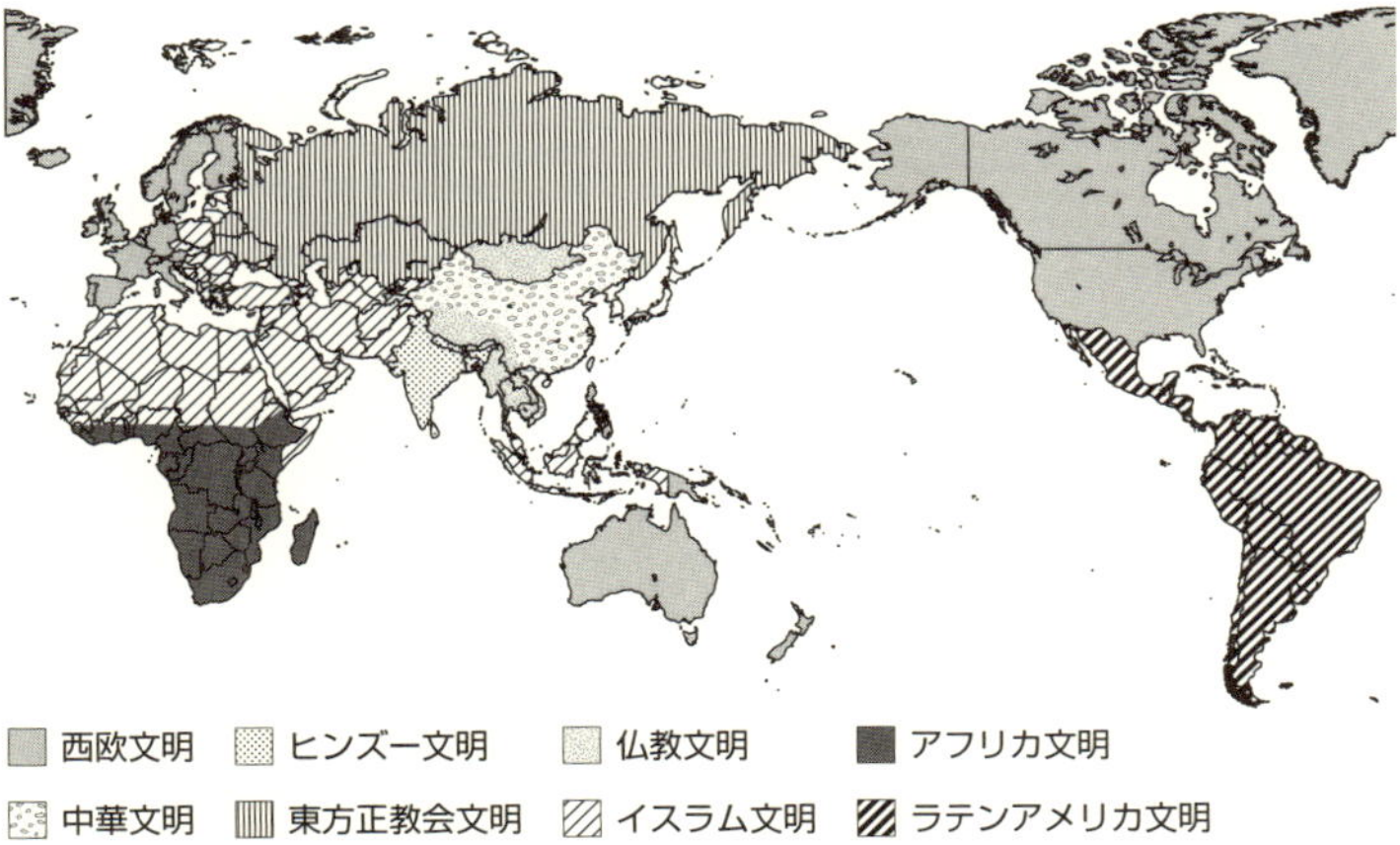

中国からたくさんの文化を学んだから、中華文明かもしれません。

いや、日本人のほとんどが、死んだらお坊《ぼう》さんにお経をあげてもらうので、仏教文明かもしれませんね。

まさか、アフリカ文明の仲間ではないでしょう。

正解は、中華文明でも仏教文明でもありません。

実は、日本は、「日本文明」なのです。

「ええっ！」と思うでしょう。

日本は世界中の文明の仲間分けのどこにも入っていないのです。日本だけで一つの文明を作り上げている。このようにハンチントン博士は考えました。

彼以外にも、このように考える学者さんは何人かいるそうです。

一つの国で、一つの文明圏を作っている。

ちょっと考えられないですね。

ほかの文明は必ず、いくつかの国が仲間として入っています。でも、日本だけが世界でただ一つ、一国だけで一つの文明圏を作っている。

難しい言葉をつかうと、単一国家、単一文明です。

すごいことだと思いませんか?

これは、偶然そうなったわけではありません。私たち日本人の祖先たちが危機を乗り越えながらも、築き上げてきたものです。

もし、日本がほかの国に支配されていたら、「日本文明圏」は存在しません。

また、よその国から入ってきたものを改良もせず、そのまま受け入れているだけだったら日本文明圏はありえないことです。

私たちの祖先、先輩が、築いた「日本文明圏」の日本は、世界から見てびっくり仰天するような奇跡をいくつか起こしてきました。

私は、それが、日本人としてうれしくてしかたありません。


これから国を支える皆さん、日本の奇跡のお話にお付き合いください。

第一章　天皇

1　長い歴史

世界中には約二百の国があります。アメリカや、イギリス、インドなど皆さんもよく知っている有名な国や、あまり名前を知らない国など、大小様々です。

さて、これらの国々は、一体いつから現在の形で国として始まったのでしょうか。

いちばん古い歴史を持つ国はどこだか知っていますか？

アメリカ合衆国でしょうか？

残念。アメリカは、一七七六年にイギリスから独立したので約二百四十年の歴史です。

それならば、ピラミッドで有名なエジプトかな？

答えは、ノーです。

現在のエジプト・アラブ共和国は、一九五二年の成立です。

古い歴史といえば中国。そう思った人も多いと思います。

でも、これも違います。

中国とは中華人民共和国の最初と最後の文字をとって中国と呼びます。中国四千年の歴史といいますね。でも、この中華人民共和国は一九四九年に始まったのです。それまでは、中国という呼ばれ方はしていません。別の呼び方をしていました。支配者が変わるたびに国の呼び方が変わってきたのです。秦《しん》とか、漢《かん》、唐《とう》、清《しん》など、皆さんはすでに知っていますよね。

それで、今の中国が始まってからは、六十四年くらいしか経っていないのです。

では、いちばん古い歴史を持つ国は、いったいどこでしょう。皆さんはもう見当がついてきましたね。

実は、日本なのです。二千年以上の歴史を持つといわれています。

ちなみに、第二位のスウェーデンが四百九十年なので、日本がいかに古い国なのかわかりますね。

日本は、天皇を中心として、二千年以上も前に国がスタートしました。それから、今まで一度も滅びることもなく続いています。一度も滅びてないいんですよ。そんな国は世界中探してもどこにもありません。すごいことなのです。世界の中の奇跡といえます。

2　国の始まり

日本の国の始まりについては、今から約千二百年前に書かれた本『古事記《こじき》』や『日本書紀《にほんしょき》』に見ることができます。

『古事記』は江戸時代に、本居宣長《もとおりのりなが》という人が研究して、『古事記伝』という解説本を書き著しました。それまでは、あまり知られていないものだったそうです。

本居宣長

『古事記』には、「因幡《いなば》の白兎《うさぎ》」や、「八岐大蛇《やまたのおろち》」など有名なお話が出てきます。聞いたことがある人もいるのではないでしょうか。一度は『古事記』を読んでみるといいと思います。

ここで、『古事記』や『日本書紀』に書か

れている「国の始まり」について簡単にお話しします。
日本人として、だれもが知っていてほしいことだと思うからです。

昔々、天も地もはっきりと区別がつかなかったころのことです。宇宙を支配する神から、二柱《ふたはしら》の神様（人間は一人二人と数えますが、神は「柱」という単位で数えます）が新しい国を創《つく》るように命じられました。

名前をイザナギ、イザナミといいます。

二柱の神は、天界から長い槍《やり》のようなもの（鉾《ほこ》といいます）で、下界をぐるぐるとかき混ぜました。鉾を引き上げたとき、先からしずくが落ちました。落ちたしずくはオノコロという島になりました。その島に降り立った二柱の神は八つの島を産みました。これが日本列島です。昔、日本列島のことを大八島《おおやしま》といったりもしたのはこのためです。

イザナギとイザナミは、次々と神を作りました。

その中でも最も重要な神が太陽の神、アマテラスです。天の世界を支配しています。

アマテラスは、ある日、自分の孫に地上を治めるように命じました。名前をニニギノミコトと言います。

ニニギノミコトが地上に降り立った場所は、九州の高千穂《たかちほ》という所です。このできごとを「天孫降臨《てんそんこうりん》」といいます。

ニニギノミコトは日本列島すべてを治めることはできませんでした。

しかし、その曾孫《ひまご》にイワレビコがいました。彼は九州を出発しました。向かう所は大和《やまと》の国、今の奈良県です。大和は日本列島のほぼ真ん中に位置するので、治めるのに都合が良かったのでしょうね。

途中、地方の豪族《ごうぞく》を武力でおさえて、大和に入りました。

このとき、彼の道案内をしたのが三本足のカラスです。八咫烏《やたがらす》といいます。皆さん、三本足のカラスって、どこかで見たことがありませんか？

そうです。㈶日本サッカー協会のマークがこれですね。あのマーク、この神話から来ているのです。日本サッカーも三本足の烏に導かれて世界の頂点に立ちたいという願いがこめられているのでしょう。

©JFA

イワレビコは、橿原宮《かしはらのみや》という所で、自分がこの国を治めると宣言をしました。

彼が最初の天皇、神武《じんむ》天皇です。

宣言した日が、紀元前六六〇年の元旦です。今の暦に直すと二月十一日です。それで、この日は、「建国記念の日」として、国民の祝日になっているのです。

こんなふうに日本国ができたなんて面白いでしょう。

国旗

ちょっと横道にそれますが、祝日の話が出たので、そのことについて少しお話ししましょう。

国民の祝日は、何かを記念して決められました。

その日は国にとって大切な日なので、普段の仕事を休んで、国民皆でお祝いしましょうという日です。

海外の多くの国々は、祝日には国民が国旗をあげて祝います。

私の子供のころは、日本でもそうでした。

それが子供の仕事になっている家もありました。

皆さんの家では、祝日には国旗をあげていますか?

おそらく、そうしていない家が多いのではないのでしょうか。

どうして日本では国旗をあげなくなってしまったのでしょう。

国旗を見ると戦争を思い出す。私たち国民を不幸に引き込んだ戦争を思い起こさせる物など、目の前に出さないほうがいい。そんな考え方が日本に広まったことが原因なのかもしれません。

いつのまにか、自国の旗に誇りを持てなくなってしまったのではないかと思います。それどころか、旗をあげることに変なイメージを持つような人が増えてしまいました。自国の旗をあげることに変なイメージを持つことこそ、国際社会では異常なことです。

国旗は国のしるしです。国同士のお付き合いではとても大切なものです。自分の国ばかりか、相手の国の旗も大事にするのが国同士のお付き合いをする上で当たり前の姿です。自分の国の国旗にさえ誇りを持てなくて、相手国の国旗を尊重することなんてできるでしょうか。

日本の国旗は「日の丸」です。

白地に赤い丸という旗のデザインは千年以上も昔に生まれ、ずっと大切に伝え続けられてきました。世界でいちばん古い歴史を持つものです。これも自慢の一つです。シンプルで美しいので、外国から、「私の国の旗として使わせてください。売ってください」というお願いもあったくらいです。

私は、国民の祝日には国旗をかかげて、日本人の一人としての意識を深めること、自国の旗を尊重することは、これからの国際人として大切な習慣だと思います。

昔のように、日本中の家庭が祝日には国旗をあげて祝う。そうであってほしいと思います。

この本を読んでいる皆さん、どうですか？　祝日には自分の家に旗をあげてみませんか。

日本人の一人として自国に誇りを持ち、自国の旗をかかげる。

そうはいっても大体のご家庭では国旗を持っていないのではないでしょうか。

旗は、大きな神社、ホームセンターやデパートの呉服売り場などにあります。また、インターネット通信販売でも売っています。

一つ、買ってみたらどうでしょうか。

できれば、自分の小遣いで手に入れると愛着が持てますね。

3　現在までつながる天皇

さて、話を戻《もど》しましょう。

国の中心である天皇は、神武天皇から現在の天皇陛下（継宮明仁陛下《つぐのみやあきひとへいか》）まで、ずっと途切《とぎ》れることなく続いています。現在の陛下で百二十五代目です。国内の別の権力者に倒されることはありませんでした。また、海外から侵略されて滅ぼされることもありませんでした。これも、大変珍しい、なかなかありえないことです。

どこの国の国王もたいてい、誰かに倒されて長続きしません。それが世界を見ると当たり前の結果のようです。

なぜでしょう。

それは、政治権力を持った人間は、必ず倒されるからです。

天皇が滅ぼされなかったのは、政治権力を持たなかったからです（天武《てんむ》天皇、桓武《かんむ》天皇など何人かを除き）。

政治には口出ししないで、「権威《けんい》の象徴《しょうちょう》」のような役目だったのです。明治になってからもそうです。

そのため、国民に憎まれるようなことはありませんでした。だから、倒されることなく、代々続いたのです。


ところで、天皇は基本的に男がなります。男子でずっと代々つながってきました。

昔は女性天皇（推古《すいこ》天皇、持統《じとう》天皇など）もいました。天皇につくべき男子が幼いとき、成長するまでの一時的なピンチヒッターなどとしてでした。ただし、天皇になれる女性も、父親が天皇である場合だけでした。そして、次は必ず皇族の男子に皇位を譲《ゆず》りました。これを「男系継承」といいます。

もし、A天皇に男の子がいないと、A天皇の兄か弟の息子を跡取《あとと》りにしました。

神武天皇からずっと、男の系統だけでつながっています。

天皇の父親をたどっていくと、必ず、神武天皇に行き着きます。

百二十五代目の現在の天皇まで、すべてがそうです。

これを「万世一系《ばんせいいっけい》」といいます。

今でも続いています。

「百二十五代が一系でつながっている」

これも世界の中の奇跡です。

今、世界には国王のいる国が三十くらいあります。現在まで続いている王朝で、日本の次に長いのがデンマークです。もちろん、男系だけでつながっているわけではありません。しかも、始まりは九世紀です。なんと、日本の皇室はその倍の長さも、ずっと男系を維持してきました。それって、ありえないことです。

日本の天皇は、「生きた世界遺産」だといった人もいます。

それくらい、現在まで続いていることは、尊いことなのです。

4　天皇の仕事

皆さんは、天皇の仕事について、学校で勉強しましたか?

内閣の助言と承認の下、大臣や裁判長を任命したり、国会を開会したり、閉会したりします。また、日本にとって活躍した人を集めて、ねぎらったり、外国のお客さんと食事をしたりします。大体、このようなことを習ったのではないでしょうか。

また、テレビでよく見かけるのが、地震など大災害にあった地域を訪問して励ましのお言葉をかけたり、全国各地へ植樹に出かけたりしている姿です。

しかし、今あげた仕事よりも、もっと大切な行為が、天皇陛下にはあるのですよ。

さて、何でしょう?

これは、案外知らない人が多いのです。皆さんのおうちの人も、知らないのではないでしょうか。

実は、私も最近まで知りませんでした。

最も大切な行為、それは、「祈り」です。

私たち日本人は、昔から、身の回りのすべてのものに神が宿っていると信じてきました。「八百万《やおよろず》の神」といいます。

そしてそれらをまつってきました。岩や大きな木にしめ縄を回したり、神社を建てたりしました。日本中にたくさんの神社があります。神社には宮司《ぐうじ》がいて、神社を管理しています。

日本中の宮司の中で頂点に立つ人、それが、天皇陛下なのです。

天皇陛下がいちばん大切にしている事は、神様をまつること、神様にお祈りすることです。

ところで、皆さんは、神社へお参りするときに、どんな願い事をしますか?

「試験に合格しますように」

「病気が治りますように」

「試合でいい成績が残せますように」

いろいろあると思います。多くは、自分のことをお願いしているのではないでしょうか。

では、天皇陛下はどんなお願いをしていらっしゃると思いますか?

主に次の二つだそうです。

「世の中が、平和でありますように」と「食物が、豊かに実りますように」です。どちらも自分のことでなく、人々が幸せであることを願っておられるのです。これを、一年間、三百六十五日、毎日続けておられます。
一年のうちに、何回か大きな儀式もあります。ほとんどが、国民の幸せにつながる大切な儀式です。なかには、真冬の夜、暖房もない中で何時間も板の間に正座しなければならない儀式もあります。
現在の陛下は、ご高齢にもかかわらず、すべての儀式をしっかりと実行なさっています。もちろん、他のお仕事も確実にこなしながらです。たいへん責任感の強いお方だそうです。

5　世界の中での天皇の身分

さて、ここで、問題です。

> フランスが、食事会を開いて、各国の代表者を招待しました。招待された人は、次の人たちです。
>
> ア　アメリカ大統領
> イ　イギリス首相
> ウ　天皇陛下
> エ　ブータン国王
>
> 身分の高さによって座る席が決まります。高い席に座る順に頭にあるカタカナを書いてみましょう。
>
> 1　　2　　3　　4

正解は、次のとおりです。

1ウ　2エ　3ア　4イ

アメリカ大統領より天皇陛下やブータンの国王が上の席なんて、ちょっと驚きですね。欧米では、よその国からお客さんを呼ぶとき、次のように身分の高さを決めています。「国際儀礼プロトコル」といいます。

1　皇帝・天皇
2　国王・法王
3　大統領
4　首相

このしきたりに従うと、天皇陛下がアメリカを訪問したら、大統領は最高級のお客様の扱いをしなければなりません。大統領自ら空港まで出迎えに行きます。食事会では、大統領はめったにしない黒のネクタイをつけるのが礼儀だそうです。

このように、世界の中でいちばん高い身分は「皇帝・天皇」となっています。

現在、世界には皇帝はいません。この身分は日本の天皇お一人だけです。

ということは、天皇陛下は、世界で最も身分の高いお方といえるのです。

どうです、皆さん、うれしくなってきませんか。

私なんて、この話を初めて聞いたときには、思わず知らず、にっこり笑ってしまいました。

たとえが古くてわかりにくいと思いますが、〝三十石船《さんじっこくぶね》に乗った森の石松〟の心境です。

「なに？　天皇陛下が、世界でいちばん偉いんだって？

飲みねえ、飲みねえ。食いねえ、食いねえ」

6　新しい年

先ほど、日本ではすべてのものに神が宿ると考える、「八百万《やおよろず》の神」の話をしました。

実は、年にも神様がいるのです。

おもしろいですね。

新しい年には、その年の神様、「歳神様《としがみさま》」がやってくると考えました。

そこで、年末には大掃除をして、家の中をきれいにし、玄関にお飾りを下げて、神様を迎える準備をしました。また、床の間には、神様のこしかけにと、鏡餅《かがみもち》を供えました。

こうやって元旦を迎えると、自分の誕生日など関係なく、皆で一緒に一歳、年をとりました。歳の神様と何回一緒に過ごしたか。その回数が年齢なのです（数え年）。

さて、神様がやってくるのです。当然、天皇陛下も新しい年を迎える儀式を行います。

国民も陛下と心を一つにして祝います。

昔は、陛下とご一緒に祝うのだという気持ちでお祝いの歌を歌いました。

『一月一日《いちがついちじつ》』という歌です。

だれもが一度は聞いたことがあると思います。

一月一日

作詞　千家尊福《せんげたかとみ》
作曲　上《うえ》　真行《さねみち》

一　年の始めの　ためしとて
終わりなき世の　めでたさを

松竹立てて　門《かど》ごとに
祝う今日こそ　楽しけれ

二　初日の光　さし出でて
四方《よも》に輝く　今朝《けさ》の空
君が御影《みかげ》に　たぐえつつ
仰ぎ見るこそ　尊《とうと》けれ

年末になると、小学校ではよくクリスマスの歌を歌います。子供たちはクリスマスが大好きですからね。

よく考えてみると、クリスマスはイエス・キリストの誕生を祝う日です。でも、日本人の場合、キリストの誕生を祝う気持ちで歌っている人は少ないのではないでしょうか。

クリスマスソングも悪くはないのですが、日本人と関係が深いのは、神様とのつながりです。ほとんどの家でお飾りをつけて歳神様を迎えます。私はこの時季、日本の学校なら『一月一日』を教えるべきだと思います。そして、元旦には、日本中で大人も子供も一つになり、明治の昔から伝わるこの歌で新年を祝うといいと思っています。

私は、人が集団を作るときには、必ず核になる人、中心になる人が必要だと思います。家庭では保護者、学校では校長、会社では社長のように。核がなければ、集団は長続きしません。

私たちの国の核は、天皇陛下だと私は考えています。天皇を中心に長い歴史を積み上げてきました。多くの困難を乗り越えて、今なお日本が続いています。中心である天皇を尊敬することは、当たり前のことだと思います。

ところで、「権力」と似ている言葉に「権威《けんい》」という言葉があります。権威とは、他の人を自然とひれ伏《ふ》せさせてしまう力のことです。まさに、日本人にとって、天皇陛下の存在がそれではないでしょうか。

現在、日本の最高権力者は内閣総理大臣です。最近、数年の間に総理大臣が何人も替わりました。安定しません。よその国ではそういうことはめったにありません。

しかし、日本の最高権威者であり、象徴である天皇陛下は、何年も替わりません。だから、私たち日本人は、安心していられるのではないでしょうか。

日本が連合軍との戦争に負けてから、学校では天皇について、あまり語られなくなりました。その結果、天皇は世界に誇れる存在であることも知らない人が増えました。残念ながら、学校の先生でさえ知らない人が多いのです。

皆さんは、やがて親になる。
自分の子供へ日本の中心核になる天皇について、正しく理解し、しっかりと引き継いでほしいのじゃ。

第二章　江戸の世界一

「日本は、江戸時代までは遅れた国であった。明治の改革で外国の進んだ技術を取り入れ、初めて世界から認められる国になった」

皆さんは、そう思っていませんか。

私の教師経験から、こんなイメージを持った子供がたくさんいることを感じました。とんでもありません。確かに、海外から取り入れて発展したものもたくさんあります。しかし、それ以前からすぐれていることもたくさんあるのです。鎖国《さこく》をしていた江戸時代には、日本独自の文化が熟成《じゅくせい》されました。世界に誇れるものがいくつもあるのです。

日本庭園の美しさ、美術工芸品の細かさは、世界が絶賛しています。

また、浮世絵をゴッホがまねしたことは有名ですね。浮世絵の技法は、西洋近代絵画に大きな影響を与えました。

関孝和《せきたかかず》は和算《わさん》と呼ばれる日本式の数学を打ち立てました。この考え方が現代に受け継がれ、日本人のノーベル物理学賞受賞者の多さにつながっていると思います。

伊能忠敬《いのうただたか》は、彼独自の測量技術で現在の地図に引けを取らない正確な地図を作りました。この時代の個人の業績やすぐれた文化を取り上げれば、きりがありません。それだけで一冊の本が書けてしまいます。

ここでは、当時の庶民の暮らしぶりに焦点を当ててお話しします。

江戸時代の日本の人々は、世界のどこにも負けないくらい、質の高い暮らしをしていたのです。

1　世界一の大都市江戸

江戸時代、世界で最も発展していた地域がヨーロッパです。そのヨーロッパの大都市の代表といえば、イギリスのロンドンや、フランスのパリです。そのころ、ロンドンやパリは人口四十万人の都市でした。

そんなとき江戸はすでに百万人を超えていたのです。

ものすごい大都市だと思いませんか？

「だからなんなのだ。ただ、人口が多いだけじゃないか」と思う人もいるでしょう。ところが、大勢の人口が住み続けられる街は、なみたいていのことではできないのです。人々が便利で快適に暮らせるために幕府《ばくふ》は努力しました。

まずは飲み水です。

人は水がなくては生きていけません。普通は井戸を掘って水を手に入れるものですが、江戸は海抜《かいばつ》が低く、干潟《ひがた》を埋め立てた土地が多かったため、井戸を掘っても海水しか出てきませんでした。そのため、幕府は生活用水を確保するために多摩川《たまがわ》から水を引きました。玉川上水《じょうすい》といいます。

長さ四十キロメートルあります。これを江戸の街の中に通しました。

皆さんも知ってのとおり、江戸は関東平野の中にあります。あまり傾斜のない土地です。そこに水路を通すとどんな問題が起きてしまうでしょうか?

そうです、水の流れが悪いですね。勢いよく流れずに、底に浸みこんでしまいます。上水の上流から下流までの高さの差が十メートルしかありませんでした。長さが四十キロメートルあるのに高低差が十メートルしかないなんて、ほとんど平らといっていいのだそうです。

ここに水路を通すことができたのは、その当時から高い土木技術を持っていた証拠《しょうこ》です。土建業で働く友人は、「この時代に、こんな技術があったのか」ととても驚いていました。

食料も同じです。

百万人の人口の胃袋を満たす食糧が必要です。米ならあまりいたまないので保存がききます。日本国中から時間をかけて取り寄せられます。

しかし、野菜類はそういうわけにはいきません。

江戸の周りの農家が、野菜を生産し提供していました。これも高い農業技術を持っていたからこそできたことです。また、生産したものが、人々に行きわたる仕組みも整っていたのです。

世界のどの大都市にもスラム街という地区があります。これは貧しい人たちがよりそって暮らしているところです。そこでは、犯罪も多く、衛生的ではありません。

しかし、江戸にはスラム街などありませんでした。

働く場所もちゃんと確保されていたからです。働けば収入があります。低所得者が住む下町の長屋はありましたが、人々は生活に必要な最低限の収入があったのです。

豊かとはいいきれませんが、だれもがそれなりに暮らしていける住みよい都市だったのです。

こんな都市は、世界中なかなか見当たりません。

2　平和・安全

戦国時代が終わり、徳川家康《とくがわいえやす》が江戸幕府を開いてから、国内ではほとんど戦《いくさ》がなくなりました。二百五十年あまりです。

この記録は世界の歴史の中でもいちばん長い記録です。

戦があると世の中が乱れます。世の中が乱れれば、どさくさにまぎれて悪いことをする人間だって増えるでしょう。そうなったら人々は安心して暮らせません。

ところが江戸時代は、一揆《いっき》という農民たちの反乱以外、戦がありませんでした。戦ができない社会の仕組みを作ったのです。

皆さんも学習して知っていると思いますが、三代将軍家光《いえみつ》のときから、幕府は各藩主《はんしゅ》に参勤交代《さんきんこうたい》を命じました。藩主は一年ごとに、江戸と自分の領地とに交代で住まなければなりません。この引っ越しのために藩主は莫大《ばくだい》なお金を使わなければなりませんでした。戦にはお金が必要です。各藩主に戦を起こせるようなお金をためさせないための一つの方法が参勤交代でした。また、妻子などが人質として江戸に住まわされました。これでは、幕府に対して反乱など起こせません。しかも、それぞれの街道には関所を作って人の動きを厳しく制限したのです。

戦がなく世の中が安定してくると、当然、犯罪も少なくなります。

そうなれば、安心して旅に出ることができました。

江戸時代を代表する俳人・松尾芭蕉《まつおばしょう》はあれだけ長いこと旅をしたにもかかわらず、一度も盗賊《とうぞく》にあわなかったのです。海外では考えられないことです。

人々が安心して暮らせる世の中は、文化が発展します。鎖国をしていたので日本独特の文化が発達しました。この時代こそ、ハンチントン博士のいう日本文明圏がしっかりと形づくられたといえます。

徳川幕府は、それに大きく貢献しているのです。

藩外への移動には許可が必要でしたし、交通手段も徒歩か馬、籠くらいなので、人々の動きは今ほど激しくありませんでした。自然と顔見知りばかりになり、おかしな人や変わった出来事があれば、すぐにわかってしまうのです。人々の目があったので、犯罪が少なくなったのかもしれないですね。

そして、最も影響していたのは、人々の道徳心の高さです。

正しい行いをする。人に迷惑のかかることはしない。そんな社会だったのです。

他国に比べて、犯罪率の低さ、検挙率の高さは現代でも引き続いています。もちろん、江戸時代ほどではありませんが、日本は安全という点で、今でも世界に誇れる国です。

ところで、私は、人間が暮らしていく上で、「安全」は「食料」と同じくらい大切なものだと思います。

皆さんはどう思いますか？

大切なものは、失くしてみて初めてその重要さに気付くもの。でも、それでは遅いのです。

小学校三年生の社会科でも、「安全を守る仕事」という単元を取り立てて学習しています。それだけ重要だからです。

現在、世の中の安全を守るための仕事として自衛隊、警察、消防などの人たちがよく知られています。しかし、この人たちを尊敬しようという雰囲気が、わが国ではあまり感じられないのではないでしょうか。本来ならば、もっとこの人たちの仕事を尊敬し、感謝するべきだと思います。

私は、皆さんが安全を守る仕事をしている人に出会ったら、感謝の態度を表してもらいたいと思います。立ち止まって「こんにちは」とあいさつしてみたらどうでしょうか。私たちがそうすることで、働いている人は、今まで以上にやりがいを感じて仕事に取り組むでしょう。それがさらに日本の安全につながるのです。

3　清潔

江戸時代の終わりころ、日本に来た多くの外国人がいったそうです。

「人々のくらしは貧しいけれど、どの家もきれいにしている。日本人は清潔好きだ」

こまめに洗濯をする。風呂に入る。掃除も毎日行う。家の中ばかりでなく家の前の通りまできれいにして水をまいたりしました。

それらは、私たち日本人からすれば当たり前のことです。

しかし、海外では違ったようです。

竹田恒泰《たけだつねやす》さんの『ＥＣＯ・ＭＩＮＤ　環境の教科書』という本によると、花の都パリやロンドンという有名な都市でさえ、道路はきれいではなかったそうです。

いちばんの原因はうんこだそうです。

（授業中、うんこの話題になると急に熱心に話を聞く子供が多いので、少しうんこの話をします）

人や動物の糞《ふん》は肥料になることは知っていますね。

日本では江戸時代には、うんこはお百姓さんが買い集めに来ました。

ちょっと信じられないですね。うんこが売れるなんて。

こんな話があります。

ある人が、友達の家に遊びに行きました。そのうち大便をしたくなりました。しかし、そこの家の便所を借りません。

「もったいないから、自分の家でしよう」

と、自宅までがまんしたそうです。

また、街の中は馬や牛も通ります。そして、糞を落としていきます。すると、待っていましたとばかり、さっさとはいて自宅の便所に入れる人もいました。

これなら、日本の街の道路はきれいですよね。

一方、ロンドンや花の都パリはどうでしょう。

当時の人たちは、おまるに用を足していました。桶《おけ》のような物です。普通はそれを川に

捨てて流していたのです。

しかし、ふとどき者になると川まで行って捨てるのがめんどうなので、道端に捨てました。また、馬車が落としていく糞の量も大量でした。だから、道路にはいつもうんこが落ちていたのです。

通行するレディーはたいへん。うんこを踏んでも足が汚れないように、ハイヒールをはきました。

時には、二階からうんこが降ってくることもあるので、つばの広い帽子をかぶりました。

ジェントルマンは、ステッキを持って、レディーのために、うんこをどかしてあげたのです。

こんな不潔な街なので、一度伝染病がはやると大変なことになり、大勢の人が亡くなってしまったのです。

日本の街でも伝染病はあったのですが、ヨーロッパの街のような大流行はありませんでした。

日本はこの時代から、世界でいちばん清潔な国であったといえるでしょう。

では、なぜ日本人はきれい好きだったのでしょうか？

私は、神様が関係していると思います。

昔から日本人は、どんな所にも神様がいらっしゃるという考えを持っていました。山にも川にも、台所にも、便所にも。いたる所にです。

きれいにすれば、当然、神様が喜びます。

反対に、汚くしていると悪い神様が住み着きます。人間にとって悪いことを呼び込んでしまうのです。

気功家《きこうか》の友人は、場所の持つエネルギーを感じとることができます。それを波動と呼んでいます。今流行《はや》りのパワースポットは、いい波動が出ている場所だそうです。

彼がいうには、「いい波動が出続けるためには、やはりきれいにしておく必要がある。汚れていると明らかにその力はなくなり、反対に悪い波動に変わってしまう」そうです。

この話など、まさに昔の人が考えた「いろいろな場所に神が住む」と同じですね。

皆さんも、自分の家や学校にいい神様に住み着いてもらいたかったら、いつもきれいにしましょう。

どうですか、勉強や運動だけでなく、掃除も一生懸命やりたくなってきたでしょう。

4　教育

やはり、江戸末期のお話です。

外国人は、日本の教育水準の高さにも驚いています。

身分の高い武士ばかりでなく、一般市民の多くが「読み書き」ができたのです。しかも、女性や子供も。

このようなことに驚くということは、当時はそれができていない国がほとんどだったからです。

実際に数字をあげてみましょう。

人口に対して字が読める人の割合のことを「識字率《しきじりつ》」といいます。

このころのロンドンの識字率は二十パーセント。パリは十パーセント以下だったのです。

それに対して、江戸はどれくらいだったと思いますか？

なんと、七十パーセント以上だったそうです。

つまり、ロンドンでは十人中二人しか字を読める人がいなかったけれど、江戸では十人中七人以上が字を読めたのです。

寺子屋のようす

江戸ばかりでなく、地方の街でも、高い識字率でした。

字が読めれば、当然、学力は高まります。文化も発展します。

江戸時代から日本は、世界一といえるほどの教育水準だったのです。


当時の庶民が、どのように学習したのか、少しお話しします。

「読み・書き・そろばん」という言葉を聞いたことがあると思います。学習の基本ですね。それらを寺子屋《てらこや》で習いました。

一人の先生が大勢の生徒に教える現在の授業とは様子が違っていました。

先生と生徒が一対一の個別指導です。

生徒が都合のいい時間に登校して、部屋のすみに積んである机を自分の好きな場所に置きます。

自分の番が来るまで、その机で勉強しました。自己学習が主な活動です。お手本を開いて、ひたすら書き写しました。正確に書くことよりも、美しく書くことを求められたそうです。正確に書かないとテストで丸をもらえない現代とは違いますね。

読みのテキストはどんなものが使われていたのでしょうか。

中国の古典です。孔子の『論語《ろんご》』などです。

入門したばかりの小さな子供も論語を学習したのです。

それらを何度も音読して暗誦《あんしょう》しました。「素読《そどく》」といいます。

ちょっと、つまらない勉強ですね。今の皆さんなら、たちまち飽きて「こんなの、やーめた」というようなことになりそうですね。

江戸時代には、今の小学校一年生くらいの子供が、『論語』をすらすらいえたのです。それってすごいことだと思いませんか。

『論語』は、人の正しい生き方を教えた本です。二千年以上前に書かれたものです。書かれた内容がすばらしかったので、その教えは現在までずっと生き残ってきました。

寺子屋で学ぶ子は、五、六歳のころから人の生き方について暗誦しているのです。その後の人生のいろいろな場面で、子供のころ身につけた人生の正しい生き方を参考にしたのでしょう。

私は、今の小学校でも「素読」をもっと取り入れるべきだと思います。意味なんぞそのうちわかるときが来ます。子供たちが飽きないような工夫をして、どんどんおぼえさせたいですね。

小さいころに始めてこそ身につき、体の一部としてしみ込ませることができるのではないでしょうか。

その子たちが大人になって、私たちの国を支えるようになれば、将来が楽しみです。


日本は、明治維新後約四十年ですばらしい発展をとげ、国際的地位が高まることになりました。

奇跡的なことだといわれています。

日本は江戸の昔から世界一の教育水準だったことが大きく影響しているのでしょう。

教育こそ、国を発展させるのに最も大切なものだと思います。


この章では、日本が開国する前から世界よりすぐれていた庶民の暮らしぶりについてお話ししました。

ヨーロッパの白色人種が、「世界は俺たちが支配している」といばっていた時代のことです。彼らは、自分たち白人こそが、最も優秀な人種だと本気で信じていました。実際、イギリスの博物館には、人類の進化の様子を展示してあったそうです。

人類は、「サル」から「類人猿」、「黒人」、「黄色人種」、「白人」の順で進化した。

つまり、私たち肌の黄色い日本人は、白人よりも劣った人種という意味です。

とんでもない。

この時代、確かに、科学技術では遅れをとっていました。しかし、国民全体でくらべれば、彼らよりずっと質の高い暮らしをしている国が日本だったのです。

どうですか、胸のすく思いじゃありませんか。

これも、「奇跡」の一つですよ。

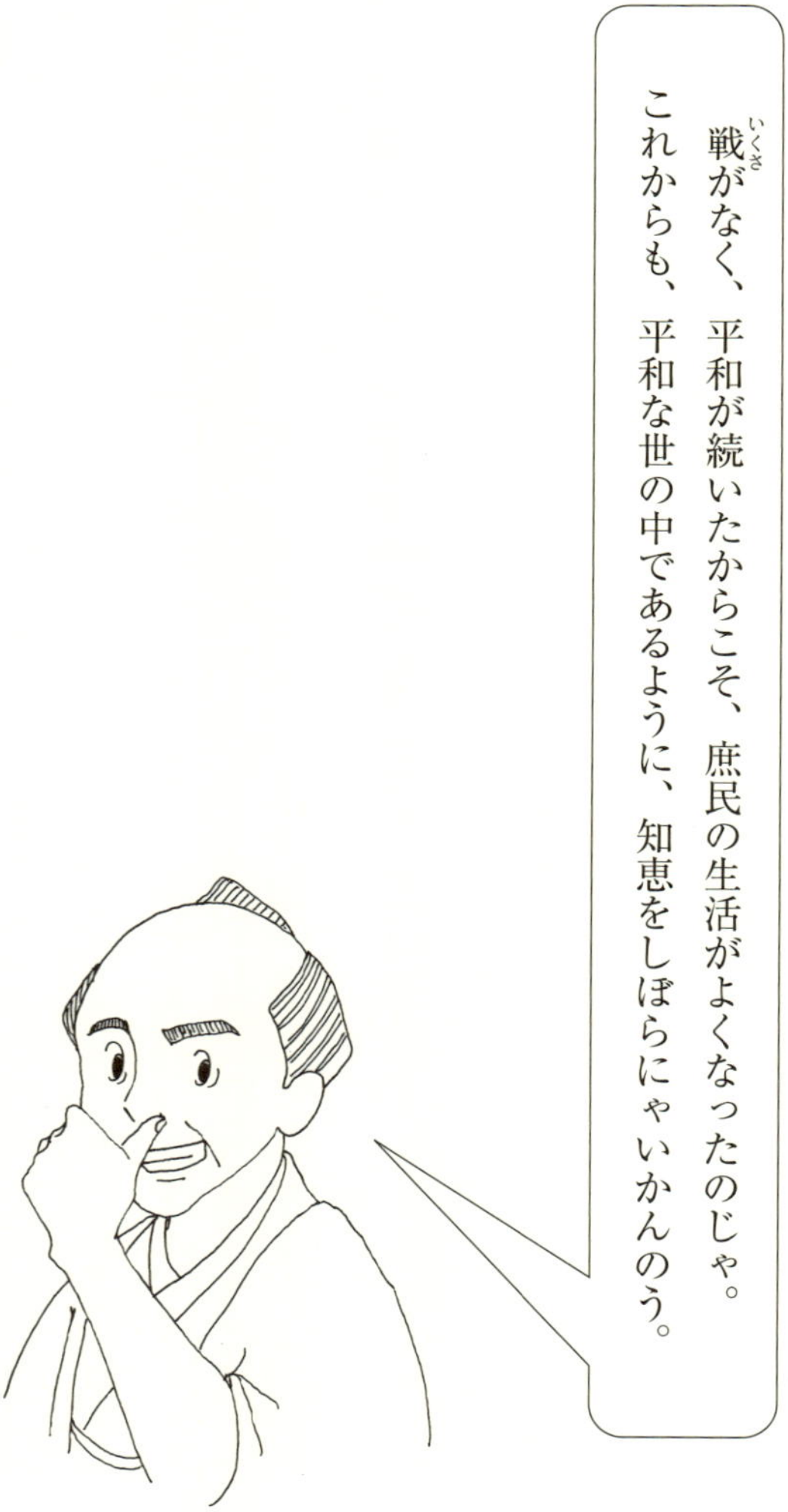
戦《いくさ》がなく、平和が続いたからこそ、庶民の生活がよくなったのじゃ。
これからも、平和な世の中であるように、知恵をしぼらにゃいかんのう。

第三章　日露《にちろ》戦争、大東亜《だいとうあ》戦争

人類は戦争の歴史であるといわれています。

日本もたくさん戦争を経験しました。

戦争が起こったことで、人々が死に、町がこわされ、多くの人々の平和な暮らしが奪われました。夢も希望も失われました。人類の悲惨《ひさん》な行動の一つが戦争です。

私たちは、これから二度と戦争が起きないように努力しなければなりません。

絶対に起こしてはならないのです。

日本の学校では、二度と戦争を起こさないように教育が行われています。戦争が引き起こす不幸で悲惨なできごとについて繰り返し学習します。

今では、戦争が正しいことなどと考える人は日本にはほぼいないことでしょう。

当然、皆さんも、そうでしょう。

それはすばらしいことです。世界中の人々がこうなれば、世の中から戦争がなくなると思います。特に日本の周りの国々もこうあってほしいものです。

しかし、私たちは、戦争の悲惨さばかりを強調しすぎて教えられたため、「戦争」、「軍隊」という言葉を聞いただけで、顔をしかめ、毛ぎらいします。

悲惨であるという以外に、戦争について考えることすらしない人がとても増えたのです。そして、戦争を起こした日本は、世界中に迷惑をかけたとんでもない国だと反省ばかりしています。


ここでは、日露《にちろ》戦争（一九〇四～一九〇五年）、大東亜《だいとうあ》戦争（一九四一～一九四五年、太平洋戦争ともいう）の二つの戦争についてお話しします。

戦争による被害とは別の視点からとらえます。

この戦争が、世界の歴史の中で、どんな意味を持ったのか、それを知ることによって、学校の授業ではあまりふれることのなかった事実を知ってほしいのです。

1　日露戦争

（1）植民地支配と日本

今から約百年前のこと、世界は欧米（ヨーロッパやアメリカ）の国々が支配していました。彼らは、主に白色人種（肌の色が白い人種）で、世界中に植民地を持っていました。そして、有色人種（白色人種ではない人種）を差別し、奴隷《どれい》のように扱っていたのです。

白色人種の国ロシアも例外ではありません。

一八九八年までに、ロシアは満州（現在の中国東北部）の主な土地をほとんど制圧しました。

次にねらうは、朝鮮半島。

このまま何もしないでいれば、日本に近い朝鮮半島がロシアに占領され、国防上も非常に危険だと思った日本は、一九〇四年二月、ロシアに戦いを挑みました。

これが、日露戦争です。

日露戦争について理解するには、司馬《しば》遼《りょう》太郎《たろう》氏の『坂の上の雲』を読むことをおすすめします。この当時の日本人全員が、いかに苦労して国のピンチを乗り越えたのかよく伝わってきて感動します。ＮＨＫのドラマにもなりました。しかし、ドラマでは、様々なしばりがあって、作者の言いたいことが伝わりにくいのではないかと思いました。大人になるまでに、ぜひ、原作を読んでみてください。

ある先輩教諭は、「日本人の必読書だ」といっていました。私も同感です。


さて、この当時の日本は、まだ近代化したばかりで、力の強い国ではありませんでした。ロシアより、ずっと弱い国でした。比較すると国のお金も軍隊の力も、ロシアのほうが約十倍も上回っていました。

まるで、大人と子供です。


皆さん、日本はこんな強い相手に戦いを挑んだのです。無謀だと思いませんか？

世界中の人々が、ロシアの勝利を予測しました。

そして、思いました。

「日本は、戦争に負けてロシアの植民地にされるぞ」と。

日露戦争風刺画

（2）日本の戦い

日本は、満州を占領しているロシア軍を攻めていきました。

仁川《じんせん》上陸、遼陽《りょうよう》会戦、沙河《しゃか》の会戦、旅順要塞《りょじゅんようさい》攻撃、黒溝台《こっこうだい》、奉天《ほうてん》と、日本軍は勝ち進んでいきました。

これには、世界中もびっくり仰天《ぎょうてん》です。

特に、絶対に落ちないといわれた旅順要塞（要塞とは基地のこと）を落とした乃木希典《のぎまれすけ》大将の名は、世界中に知られるようになりました。

そして、海の戦いです。

一九〇五年五月、世界最強といわれるロシアのバルチック艦隊が日本海にやってきました。

迎え撃つは東郷平八郎《とうごうへいはちろう》率いる日本連合艦隊。

戦いの作戦は、若き参謀《さんぼう》秋山真之《あきやまさねゆき》がすべて任されました。

	日　本	ロシア
国家予算	2.5 億円	20 億円
現役の兵力	20万人	207万人
大砲	636 門	1 万 2,000 門
戦艦	6 隻	18 隻

日本とロシアの国力比較表

参謀とは、作戦を考える役目の人です。

果たして、その結果は……

またまた、日本の勝利です。

その勝ち方がすごい。敵の船をほとんど全滅させたにもかかわらず、日本側は、ボートのように小さな船が三隻《せき》沈んだだけです。

サッカーにたとえれば、10対0の試合とでもいえるでしょうか。

当時のロシア帝国は、国内やヨーロッパ諸国との間とも紛争を抱えていたため、戦力が分散していたことは確かです。しかし世界の海戦の歴史の中で、こんな一方的な勝敗がついたことはいまだかつて一度もありません。日本の連合艦隊が、世界最強の艦隊に勝利したというだけでも、奇跡的な出来事です。

さらにその勝ち方も奇跡です。

この出来事で、世界中は大騒ぎ。東郷平八郎の名

乃木希典

東郷平八郎

秋山真之

も一躍有名になりました。

ロシアの周りの国の人々や有色人種の人々は、抱き合って、自分のことのように喜びました。

例えば、ロシアの隣にトルコという国があります。いつもロシアと紛争していました。そのトルコでは、お祭り騒ぎです。生まれてくる子供に、「ノギ」とか「トーゴー」という名を付けたりしたそうです。

（3）日本の勝利と世界の反応

このあと、アメリカの仲裁《ちゅうさい》を受け入れて戦争が終わります。

この戦争は、ロシアが日本に降伏したわけではないので、日本の勝ちでもなく、ロシアの負けでもありません。確かにそういう終わり方なのかもしれません。

しかし、世界はそうは見ません。日本の勝利なのです。事実、日本は各地の戦いですべて、ロシア軍を打ち負かしているのです。

もう一度いいます。

日露戦争は、日本の勝ちなのです。

世界で初めて、有色人種の国が、白色人種の国に勝ったのです。

弱いものが強いものに飲みこまれてしまう弱肉強食といわれていた時代のことです。日本は、自分よりも十倍も大きな相手に打ち勝つことができたのです。そして、自国を守ることができたのです。

日露戦争の結果について、当時の世界各国の有名な人の言葉や賞賛《しょうさん》の様子をいくつかご紹介します。

インド独立運動の指導者、初代首相　ネール十四歳のとき『ネール自伝』磯野勇三訳　角川文庫
「日本の戦勝は、私を熱狂させた。新しいニュースを見るために毎日、新聞を待ちこがれた。私が剣をとってインドのために闘い、インドを独立させた英雄になることを夢見た」

インド人革命家　ビハリ・ボース　産経新聞　平成十四年四月二日
「東洋は、この戦勝によって目覚めた。トルコをはじめ、フィリピンまでも東アジア民族が立ち上がろうと希望をもったことは、歴史の事実だ」

中国国民党最高指導者　蔣介石《しょうかいせき》『大東亜戦争への道』中村粲　展転社
「日本が、一弱小国でありながら、がんばって強くなり、ロシア帝国を打ち破ることができたことは、私の精神に最も大きな刺激を与えた。そこで、母に許しを願い、日本で学ぶことにした」

エジプト民族運動の指導者　ムスターファ・カミール『新しい歴史教科書』西尾幹二　扶桑社
「日本人こそは、ヨーロッパに身のほどをわきまえさせてやった、ただ一つの東洋人である」

アメリカの雑誌『カラード・アメリカン・マガジン』『国民の歴史』西尾幹二　産経新聞社
「日本の行動の最も重要な点は、アジアとアフリカに考えるべききっかけを作ったことだ」

アメリカのある公民権運動家　『国民の歴史』　西尾幹二　扶桑社
「日本が白人優位の人種神話を葬《ほうむ》り去った」と全米で演説。
オックスフォード大学講師　アルフレッド・ジンマー　『国家と人種偏見』
ポール・ローレン　阪急コミュニケーションズ
「本日のギリシャ史の講義は中止する。その理由は、現代の世界で起こった、あるいは、これから起こると思われる歴史的に最も重要な大事件について、話をしなければならないからである」
（『大東亜戦争はアメリカが悪い』鈴木敏明　碧天舎より）

どうですか、皆さん。世界中の人々が日本の勝利にびっくり仰天し、わくわくしているのがわかるでしょう。

ここで、もし日本が負けて、ロシアの植民地にされていたら今ごろはどうなっていたでしょう。

日本人は差別を受け、奴隷にされていたかもしれません。日本は存在していないかもしれません。想像しただけで恐ろしくなります。

それを食いとめるために、兵士たちは一丸となって戦いました。自分の命を顧《かえり》みず、国を守るために戦いました。多くの犠牲者も出ました。兵士ばかりではありません。日本中が一つにまとまって、協力したから勝てたのです。そのおかげで今の日本があるのです。

私たちは、先人《せんじん》たちに感謝しなければなりません。

日本の奇跡の勝利は、当時、白色人種から支配されていた有色人種に大きな夢と希望を与えた出来事であったといえます。

乃木将軍について

少し脇道にそれ、乃木将軍の話をしましょう。

日露戦争全体を通して、この戦争の勝敗を決めるいちばんの山になったのが旅順《りょじゅん》要塞《ようさい》の戦いだと思います。この勝利がなければ日露戦争の勝利はなかったといえるでしょう。

戦いのあと、乃木将軍とステッセル将軍が話し合いを持ちました。水師営《すいしえい》という場所で行ったので、「水師営の会見《かいけん》」といわれています。

乃木将軍は、負けた将軍にも腰に刀をさして会見することを許しました。

「正々堂々と戦ったのだ。負けは、恥ずべき姿ではない」

と、相手にも軍人として正式な服装で会見することを認めたのです。

今までの世界の常識ではありえないことです。

負けた相手を思いやる態度が、あとで述べる武士道精神、「武士の情け」として世界中で評判になりました。

ところで、司馬遼太郎氏の『坂の上の雲』で乃木将軍は無能な大将として描かれています。しかし、私はそうは思いません。乃木将軍が無能だという意見に反論している本も出ています。刀のエピソードを聞くだけでも、私も立派な将軍だと信じています。

会見の様子を歌った歌『水師営の会見』という歌があります。昔の日本人は、学校で教わっていたので、誰でも知っていました。

私は祖母から教わりました。とても好きな歌で、時々口ずさみます。

日本の危機を乗り越えた日露戦争を忘れないためにも、未来へ歌いついでいきたい歌だと思います。

水師営の会見

作詞　佐佐木信綱《ささきのぶつな》
作曲　岡野《おかの》　貞一《ていいち》

一　旅順開城《かいじょう》約成《やくな》りて
敵の将軍ステッセル
乃木大将と会見の
所は何処《いずこ》水師営

二　庭に一本棗《なつめ》の木
弾丸あともいちじるく
くずれ残れる民屋《みんおく》に
今ぞ相見《あいみ》る二将軍

三　乃木大将はおごそかに
みめぐみ深き大君《おおぎみ》の
大みことのり伝うれば
彼畏《かしこ》みて謝《しゃ》しまつる

四　昨日の敵は今日の友
語る言葉もうちとけて
我は称《たた》えつかの防備《ぼうび》
彼は称えつわが武勇《ぶゆう》

水師営の会見（中央左が乃木大将、右がステッセル将軍）

2　大東亜戦争

（1）日中戦争

一九三〇年代、中国大陸にはたくさんの外国人がいました。

外国人が犯罪の被害にあっても、中国の政府は全然守ってくれませんでした。内紛で混乱していたことや、各国に治外法権《ちがいほうけん》（中国にいる外国人に、中国でなく自分の国の法律が適用されること）を認めていたことが原因でした。

そこで、中国で生活している自国民の安全を守るために、それぞれの国で軍隊を派遣していました。

日本も同じです。

一九三七年七月、日本軍は北京郊外で、中国国民党（代表　蔣介石《しょうかいせき》）との戦いを始めました。これを「盧溝橋《ろこうきょう》事件」といいます。

このころの中国大陸は、国民党が勢力をにぎっていました。この事件は勢力を争っていた中国共産党がしかけた罠《わな》だったのではないかともいわれています。

ねらいは、日本と国民党を戦わせ、両方の力を弱めることです。これは、ソビエト（現在のロシア）共産党からの指令でもありました。「日本と国民党を戦うように仕向けなさい」と。そして、中国に共産党の勢力を広めようとしていたのだそうです。

日本は、大きな戦いにはしたくなかったはずです。しかし、ソビエト共産党が次々としかけてくる罠に気付かずに、じょじょに深みにはまってしまったのでしょう。

いっきに終わらせたい日本は、国民党を追い詰めます。しかし、日本に攻められて、くたくたのはずの国民党は、なかなか停戦しません。

なぜだかわかりますか？

国民党には手助けする国があったらしいのです。アメリカ、イギリス、ソビエトなどです。戦いに必要なものを、国民党に支援していたようです。

なかでもアメリカは、中国という大きな市場で、自分たちの国の利益をあげようとたくらんでいました。じゃまになっていたのが日本です。国民党を助け、日本を追い出せば、自分たちに有利になると考えたのでしょう。

もう一つ、深みにはまった理由があるのです。

なんと、日本の国内に共産党のスパイがいたらしいのです。しかも、近衛文麿《このえふみまろ》総理大臣の側近ともいわれています。戦いを続けるようにアドバイスしていたのです。もちろん、ソビエト共産党の指示です。

こうして、日本は広い中国大陸で、いつ終わるかわからない泥沼の戦いに入り込んでしまいました。

これを「日中戦争」（一九三七年）といいます。

この戦争の裏では、アメリカとソビエトの二つの大国の野望が働いていたのでした。

（2）南方進出

日中戦争が始まった翌年の一九三八年のことです。

首相の近衛文麿は、次のような考えを発表しました。日本、満州、中国の三国で、深いつながりを持ち、品物の行き来をもっと自由にしよう。東アジアのこの地域に、自分たちだけで自給自足できる経済圏（ブロック経済）を作ろう。欧米の支配から独り立ちしようという考えです。

「東亜新秩序《とうあしんちつじょ》」といいます。

ブロック経済は、欧米の国々ではとっくに実行されていました。

ブロック圏以外の国の品物は高い税金をかけて輸入しにくくしていたのです。その影響で日本は輸出が減り、国民は苦しい生活をしていたのです。それを何とか解決するためにも、自分たちも東アジアでブロック経済を行おうと考えたのです。

これは、自然な考えだと思いませんか?

しかし、これに強く反発したのがアメリカでした。

そんなことをされたら、アメリカはこの地域へ輸出ができなくなってしまいます。怒ったアメリカは、日本への輸出の品物を制限するようになりました。

日中戦争の最中です。日本は、戦争に必要な資材は輸入に頼っていたのです。しかも、その多くはアメリカからでした。輸入品を制限されたら大変不利です。

アメリカは、国民党の蔣介石《しょうかいせき》にも、戦いのための物資を送っていました。送る通路は、フランス領のベトナムを通ってです。日本は、これを断ち切って、日中戦争を早く終わらせようと考えました。

一九四〇年九月、日本はフランスと交渉して、ベトナムに軍隊を進めました。フランスの領地（ベトナム、ラオス、カンボジア）を奪うことはしない。日中戦争が終わるまで、一時的に軍を置くだけという条件でした。

これを「南方進出」といいます。

実は、ここに軍隊を置くことは、日本にとってはとても有利だったのです。

東南アジアには地下資源が豊富にあります。石油、天然ゴム、すずなど日本にはないものばかりです。特に石油の存在が大きいのです。

もし、アメリカやイギリスと戦争が始まったら、日本軍はこの地域を制圧して、石油を手に入れることができるのです。

しかし、当時、東南アジアはフランス、イギリス、オランダ、アメリカの植民地にされています。ベトナム・ラオス・カンボジアはフランス、インドネシアはオランダ、フィリピンはアメリカ、マレーシア・シンガポールはイギリスが支配していました。

日本は、この地域を欧米の支配から解放させて、アジア人だけの経済圏をつくれないものだろうかと考えていました。

さきほど述べた「東亜新秩序」をさらに広げた「大東亜《だいとうあ》共栄圏《きょうえいけん》」といいます。

一方アメリカは、日本がベトナムに兵を進めたことに腹を立てました。

そんな所に日本軍がいたら、自分たちの支配地、フィリピンがいつ占領されてしまうかわかりません。

アメリカはさらに日本を苦しめにかかりました。

一九四〇年八月　石油製品・航空ガソリン添加物・鉄を日本に売らない。

一九四一年七月　アメリカにある日本の資産を日本人が自由に使えなくする。石油を売らない。イギリス、オランダにも協力を呼びかける。

などです。

こういうやり方を「経済封鎖《ふうさ》」といいます。

皆さん、想像してみてください。

私たちの身の回りには鉄を使ったものばかりです。車も、線路も、ビルの鉄筋も、なべ・やかんもあらゆるものが鉄からできています。それらを作れなくなったら日本の工業は成り立たなくなります。

もっと困るのは石油です。その当時日本は、石油の七十パーセントをアメリカからの輸入に頼っていました。それを止められれば、二年で日本の石油はなくなってしまいます。

石油からはプラスチック製品ができます。石油からできている製品は、鉄と同じくらい多いのです。

ガソリンもできます。ガソリンがなくなったら車が動きません。飛行機が飛びません。

石油を燃やして電気を起こします。電気が来なければ、電車が動きません。灯りがつきません。工場の機械が動きません。

「石油の一滴は血の一滴」といわれていたのもうなずけますね。

石油がなくなれば日本人の生活が止まってしまいます。

日本は、アメリカの経済封鎖《ふうさ》にじっと耐えてきました。アメリカとの戦いを避けてきました。今は、日中戦争の最中です。これ以上戦いを広げたくありません。また、戦って勝てる相手ではありません。話し合いでなんとかならないか、ずっとアメリカをうかがってきていたのでした。

ところが、一九四一年十一月、アメリカの国務長官ハルは、日本にある要求を突き付けました。「ハルノート」といいます。

「中国やインドシナから全面的に兵を引け」など、十項目ありました。

これを見た日本の指導者たちはがく然としました。

これらの要求を受け入れるということは、今まで日本が多くの犠牲をはらい、苦労して築き上げてきたものをすべてあきらめろということに等しいものでした。

とても、従えるようなものではありません。

十二月、とうとう日本は我慢しきれなくなり、生き残りをかけて戦いを決意しました。

東南アジアを支配しているアメリカ、イギリス、オランダとの戦いです。

この戦いのことを、大東亜戦争（太平洋戦争）といいます。

（3）日本の快進撃と敗戦

一九四一年十二月八日に、ハワイの真珠湾を奇襲攻撃して大戦果をあげました。

それから、日本の快進撃が始まります。

世界に誇るイギリスの軍艦二隻、プリンス・オブ・ウェールズ、レパルスをたちまち沈め、世界中を驚かせました。

フィリピンのマニラ、マレーシアのクアラルンプール、マレー半島のジョホールバール、シンガポール、ミャンマーのラングーン、インドネシアのジャワ島と次々と占領していきます。

たった半年の間に、アジアにいる欧米人を皆追っ払ってしまったのです。


しかし、勢いはそこまででした。

戦争が長引けば、資源のあるアメリカが有利です。

太平洋にあるミッドウェーという所での戦いに、日本が敗れてから様子が逆転します。

アメリカが攻め続け、ついには、日本本土まで攻撃するようになりました。日本の大都市が爆撃されました。一般市民が家を焼かれ、殺され、大けがをしました。一九四五年三月十日の「東京大空襲」では、一晩だけで十万人以上の人が亡くなりました。四月には、沖縄本土に上陸されました。多くの一般市民が犠牲になりました。核兵器、原子爆弾が人類史上、初めて広島、長崎に落とされました。この二発だけで十五万人が死にました。

このときのアメリカ大統領はトルーマンです。

彼は、この新しい爆弾の威力を試したかったのでしょう。この爆弾を使わなくても、日本は窮地《きゅうち》に追い込まれていたのです。しかし、この爆弾が完成する前に日本が降伏してしまったら、使えません。爆弾投下の準備が整うまで、日本が降伏しないように裏工作までしていたといわれています。それが事実であるとすれば、とんでもない大悪人です。

戦争とは、兵隊同士が戦うものです。今ではそれが国際ルールです。しかし当時、アメリカの攻撃により、日本は多くの一般市民が犠牲になりました。

一九四五年八月、ついに無条件降伏し、戦争は終わりました。

（4）東南アジアの国々の独立

日本は大東亜戦争でアメリカに負けました。

しかし、東南アジアの人たちは、日本兵の戦いぶりを見ていました。欧米人が日本軍に蹴散らされている様子を。

欧米人は、長いこと東南アジアの人々を苦しめてきました。東南アジアの人々は何度か反乱もしてみたのですが、そのたびに失敗していました。とても欧米人にはかなわないと、独立をあきらめてきました。その欧米の白人たちが、自分たちの目の前で、日本軍に敗れ、逃げたり捕虜《ほりょ》になったりしているのです。

しかも、アジアの同じ人種、日本人に、たった半年で。

これぞ、東南アジアの人にとっては「奇跡」なのです。

彼らは日本軍の奇跡から学びました。

軍とはこのように動かすものなのか、国のために戦う精神とはこういうものなのかなど、実際に見て、目覚めたのです。

大東亜戦争が終わってから、フランス、イギリス、オランダ軍は再びこの地域を植民地化しようと戻ってきました。しかし、現地の人々は立ち上がりました。独立のために戦うことを決心したのです。

「俺たちだってやればできる。日本がいいお手本じゃないか」

日本軍の元軍人には、戦後、現地に残って協力する人もいました。武器の使い方、軍の動かし方などを教えました。

そして、ついに、東南アジアの国々は独立を勝ち取ることができたのです。

インドネシアなど、三百五十年にもわたって支配され続けてきました。それが独立できたのです。その国にとって最高の喜びです。

東南アジアの国々が独立をはたすと、これがきっかけになって世界中の植民地が立ち上がります。自分たちもできるはずだと。そして、次々と独立することができました。

ここでもう一度、世界の歴史という大きな流れで二つの戦争を見てみましょう。

日本は、日露戦争で、有色人種に夢と希望を与え、大東亜戦争ではからずも白人の植民地支配を終わりにさせるきっかけを作ったのです。

もし、日本が世界に存在しなかったら、世界は今ごろどうなっているでしょう。

きっと、欧米の白人はいまだに世界中を支配しているでしょう。有色人種はしいたげられ、奴隷のようなあつかいを受けているでしょう。人種差別は続き、オバマ氏が大統領になるなんて考えられないことでしょう。

私たち日本人の祖先は、戦争で大きな犠牲をはらいました。多くの尊い命を失いました。二度と戦争などするべきではありません。
しかし、日本が生き残ろうと戦った二つの戦争は、「大きな犠牲はあったが、人類の歴史を大きく前進させた」。この事実も、現在の私たちは、もっと自覚してもいいのではないでしょうか。そうでなければ、犠牲になった魂は浮かばれないと思います。

繰り返していいます。

私は、戦争をしたことが間違っていなかったのだといっているのではありません。今の私たちにはわからない、当時のいろいろな事情が重なって、戦争の道を選んだのだと思います。

これからを生きる私たちは、二度と戦争が起きないよう、最大限の知恵を出し合わなければなりません。そうでなければ、やはり犠牲になった魂は、浮かばれないでしょう。

アメリカの洗脳

もう一つ。ぜひ、知っておいてください。

アメリカは戦争が終わると、日本を裁判にかけました。「東京（極東国際軍事《きょくとうこくさいぐんじ》）裁判」といいます。勝ったものが負けたものを一方的に裁く不公平な裁判です。

この裁判で、戦争の責任はすべて日本にある。日本の指導者と軍部が悪いのだと決めつけました。彼らの反論は認められませんでした。

その考えを、新聞や雑誌、ラジオ、教科書を使って日本人にしみ込ませました。洗脳《せんのう》ですね。これはアメリカにとって成功しました。

その一つの例が、「太平洋戦争《たいへいようせんそう》」という呼び方です。

日本では、東方亜細亜《あじあ》を欧米支配から解放させるというねらいがあったので、「大東亜戦争」と呼んでいました。

しかし、その呼び方だと、それをはばんだアメリカは悪いイメージを持たれてしまうので「太平洋戦争」に変えさせたのです。

アメリカの洗脳は、年がたつとともに日本中にしみわたりました。

私も何年か前まで、ずっと日本がすべて悪いのだと思ってきました。そして、日本軍はアジアの人たちに迷惑ばかりかけたのだと思っていました。今でも、多くの日本人がそう思っています。

実際、日本人は対戦国の中でも中国の人たちの命をたくさん奪いました。また、中国、朝鮮の一般市民への差別もありました。南方でも、戦争が長引き、弾薬《だんやく》も食料もなくなると、自分たちが生き残るため、現地市民の食料を奪ったり乱暴をしたりしました。これらは事実として忘れてはいけません。反省すべき点です。

しかし、日本は自国の生き残りをかけ、戦いの道を選んだのです。

戦争は人類最大の不幸といえるでしょう。それを起こした日本側にも責任があるのは当然です。しかし、負けた結果、一方的に裁かれ、すべてを悪者にされることは正しいことでしょうか？　そして、裁判の結果を多くの日本人がそのまま認めているようです。それは、おかしなことだと私は思います。

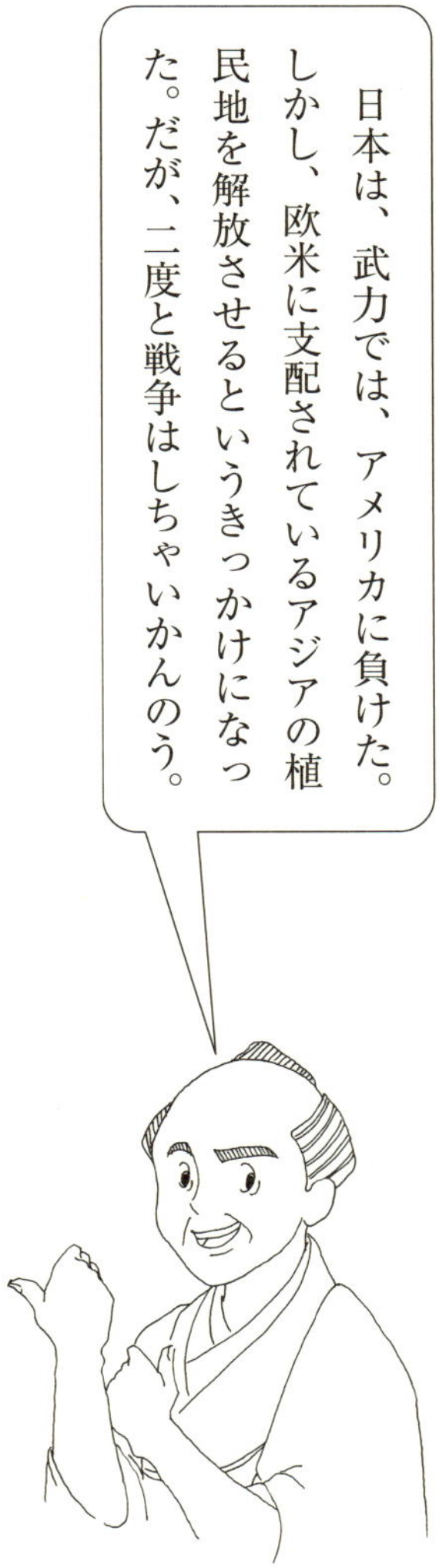
日本は、武力では、アメリカに負けた。しかし、欧米に支配されているアジアの植民地を解放させるというきっかけになった。だが、二度と戦争はしちゃいかんのう。

第四章　武士道

明治の初め、外国からたくさんの人が日本に訪れるようになりました。

外国人は、初めて見る日本人について、いろいろな感想を持ちました。多くの外国人の持った感想が、日本人は、「親切で礼儀正しい」そして、「仕事熱心である」ということです。

そのころの日本人の気質を表す有名な話があります。

イギリスのイザベラ・バードという女性が日本を旅したときのことです。自分が乗った馬に、忘れ物をしてしまいました。馬を引いていた男（馬子《まご》という）は、イザベラの持ち物に気が付くと、夜にもかかわらず、四キロも離れた彼女の宿に届けてくれました。しかも、その男は「当たり前のことをしただけだ」といって、お礼の品を受け取りませんでした。

身分の高い人ばかりでなく、一般庶民まで道徳心が高いことが、外国の人にとっては驚

新渡戸稲造

きであったようです。

一九〇〇年、新渡戸《にとべ》稲造《いなぞう》という人は、日本人の道徳心は昔から伝わる武士道から来ているという内容の本、『武士道』を英語で出版しました。日本人の行動や考え方を世界の人たちに知ってもらうためです。アメリカのルーズベルト大統領は、この本を読んで感動し、多くの友人に読むようにすすめました。

英語以外の言葉にも訳され、この本は世界中で読まれました。どんなことが書かれているのでしょうか。日本人自身が知っておくべきですね。

ここでは、新渡戸稲造の書いた『武士道』について簡単にお話しします。

1　新渡戸稲造の『武士道』

新渡戸は、武士道の大切な考えを七つの言葉で表しています。

義《ぎ》、勇《ゆう》、仁《じん》、礼《れい》、誠《まこと》、名誉《めいよ》、忠義《ちゅうぎ》です。

そして、武士たちがもっともきらった言葉が、「恥《はじ》」だとしています。

それでは、それぞれの言葉について、もう少し詳しくお話しします。

（1）義・勇

「義」とは、正しい道のことです。「勇」とは、勇気があること。勇ましい、臆病《おくびょう》ではないこと。また、どんなときでも冷静でいられること、がまん強いことも勇に含まれます。

「義」と「勇」は強いつながりがあります。なぜならば、正しい道を行うには、「勇」のような強い心が必要だからです。

実際の例で考えてみるとわかりやすいでしょう。

> 皆さん、次の場面に出合ったとします。
> クラスの気の弱いA君が、力の強いB君たちのグループに、いつもいじめられています。
> あなたはどうすることが正しい行いだと思いますか？

「いじめをやめさせること」ですね。

でも、それをすぐに実行に移せますか？　なかなか勇気のいることですね。なぜならば、いじめをやめさせたことによって、今度は、自分がいじめられてしまうという恐れがあるからです。

恐れ、恐怖はだれでもいやなことです。でも、それを克服しなければ正しい行いを実行することができません。やはり、勇気が必要です。

正しい行いをしなければならないのにしないことを、中国の孔子《こうし》という人は、

「義を見てせざるは、勇なきなり」

という言葉で表しました。

では、武家の親は、子供の「勇」を育てるために、どんなことをしたと思いますか？

『武士道』では以下のように紹介しています。
①親が、勇気を持って行動して手柄を立てた物語、つらさに耐えて立派な人に成長した話を繰り返し聞かせた。

②子供が痛みで泣いていると母親は、「これしきの痛みで泣くとは、なんという臆病者。戦場で腕を切り落とされたらどうする。切腹《せっぷく》を命じられたらどうする」といって励《はげ》ました。
③冬の早朝に、師匠の下へ裸足《はだし》で通わせた。
④処刑場、墓場、幽霊屋敷《ゆうれいやしき》へ出かけ、肝試《きもだめ》しをさせた。
⑤首切りを見に行かせた。子供は夜遅く、一人でその場所に行かされ、証拠の印をつけてこさせられた。

今ではとても考えられないことをしたのですね。

(2) 仁

さて、「勇」で述べられている強さだけでは、立派な武士とはいえませんでした。そこで、大事にされた言葉が「仁」です。

意味は、愛、広い心、哀れみの心、やさしさです。人間の魂が持つあらゆる性質の中の、最も気高《けだか》いものとされてきたそうです。

天皇は武士よりもずっと身分が高いのですが、近年の天皇陛下や皇太子、その他皇族の男子には「仁」の字がついていることが多いです。

明治天皇は睦仁《むつひと》様、大正天皇は嘉仁《よしひと》様、昭和天皇は裕仁《ひろひと》様、現在の天皇陛下は明仁《あきひと》様です。また、皇太子様は徳仁《なるひと》、秋篠宮様は文仁《ふみひと》、そのお子様は悠仁《ひさひと》です。きっと、国をうまく治めるのには「仁」の心が大切だという意味で、この字をつけているのでしょう。

しかし、サムライのやさしさは、義や勇の上に成り立ったものでなければ意味がありません。ただやさしいだけのものではだめなのです。

「武士の情け」という有名な言葉も、この仁から来ています。

弱いもの、負けたものに対して、思いやる。この気持ちが大切です。

第三章、日露戦争の「水師営の会見」で、乃木将軍が敵のステッセル将軍に「武士の情け」をかけた話をしました。

乃木将軍だけではありません。捕虜になって日本に来たロシア兵に日本人はとても親切にしたのでした。一般国民にも武士の情けがしみわたっていた証拠です。

（3）礼

「礼」とは、相手を思いやる心が外へ表れた姿だそうです。

武士はさまざまな礼儀作法を身につけなければなりませんでした。細かな礼まで学びました。

礼儀作法を守ることは、とてもきゅうくつなことです。しかし、これらを心を持って行うことで、武士の品格を高めたのだそうです。

小学校でも作法をきびしく教えられるときがありますね。

例えば、卒業式です。

素早く起立。おじぎは三十度。ゆったりと歩く。背筋をのばして座る。

皆さん、大変な思いをしたことを覚えていませんか。

武士はもっと大変でした。

なぜなら、卒業式という特別なときだけではなく、日常生活、いつでも礼儀作法を守らなければならなかったからです。

あらゆる作法を身につけると、どんな場でも自信を持ってふるまうことができるようになります。それは、かっこいい、りりしい姿ではないでしょうか。

私は、礼儀作法をきびしくしつけられてきませんでした。寒ければ、ポケットに手を入れて猫背で歩いてしまいます。腰かけていても疲れればすぐに姿勢がくずれます。口の中に食物が入ったまま会話をしたりすることもあるくらいです。食事のマナーも満足に知らなくて、改まった場では、これでいいのかなと、よく不安になります。

この年になって、きびしくしつけられなかったことを残念に思います。私は、これからの学校教育ではもっと、礼儀作法を学ぶ時間を多く取り入れるべきだと思います。基本さえしっかり学べば、いろいろな場面で応用できるようになるのではないでしょうか。

一八七一年に岩倉《いわくら》使節団《しせつだん》という日本の代表者が欧米の各地を回りました。外国から珍しいお客さんがやってくるということで、それぞれの国で興味深く迎え入れられました。彼らは、西欧のマナーをあまり知らなかったにもかかわらず、どこの国でも高い評価を受けました。その主な理由が礼儀正しさです。

サムライの精神を持った彼らは、いつも、凛《りん》とした姿勢、礼儀正しいふるまいをくずしませんでした。そんな気高い姿に、それぞれの国の人たちは、尊敬さえするようになったのです。

凛とした姿が尊敬されるのは、いつの時代でも、どんな所でも同じではないでしょうか。これからいろいろな国の人とお付き合いする上で、現代の私たちも身につけておきたいものですね。

（4）誠

「誠」とは読んで字のごとく本当のこと、真実のことです。

その反対が、うそやごまかしです。武士はうそやごまかしはひきょうなこととして、最もきらったのです。

「武士に二言《にごん》はない」

という言葉を聞いたことがありますか？　二言とは、一度いったこととは違うことをいうことです。

皆さんも、友達が、

「あのときはそういったが、実はこうなんだ」

といい直してばかりいたらどうでしょう。どちらが「誠」なのかわからなくなり、信用できなくなりますね。

明治天皇も、「誠」を大切にされたようです。

その表れとして、お詠《よ》みになられた歌の中にも「まこと」という語句がよく使われています。

目に見えぬ　神にむかひて　はぢざるは　人の心の　まことなりけり
たらちねの　親につかへて　まめなるが　人のまことの　始なりけり
疾《と》き遅き　たがひはあれど　つらぬかぬ　ことなきものは　まことなりけり

三つ目の歌などは、まさに、「誠を貫け」とおっしゃっていますね。


ところで、皆さんは、次のような言葉をよく耳にしませんか。

「人をだますような人間に育ってはいけません」

当たり前ですよね。

ところが、お隣の中国では、あまりこのようには言われないそうです。それよりも、

「人にだまされるような人間に育ってはいけません」

と言われるそうです。

この言葉も真実だと思います。

でも、何かが根本的に違いますよね。

この違いは、それぞれの国民が通り過ぎてきた歴史や生活環境から来ているのでしょう。

日本人が誠を大切にしてきた国民であることの表れが、この言葉の違いからもわかるのではないでしょうか。

(5) 名誉

武士にとって最も大切なものが「名誉」です。

命より大切にしました。

自分が所属している藩《はん》のためにつくしたり、手柄を立てたりすることは、名誉なことでした。

今の私たちにはちょっと信じられませんが、「名誉と名声が得られるならば命は安いものだ」と教えられていたそうです。

外国人が、「サムライ」というとすぐに連想するのは「ハラキリ」です。

なにか重大なあやまちをおかすと、切腹を命じられました。恐ろしいですね。

責任をとって腹を切ることは、当時の武士には名誉なことだったのです。名誉なことなので、命を惜しまず、潔く切腹をしたそうです。

ところで、皆さんは、森鷗外《もりおうがい》の『阿部一族《あべいちぞく》』や『堺事件《さかいじけん》』というお話を読んだことがありますか？　事実を基に、切腹について書かれています。

『阿部一族』は江戸時代の初めごろ、『堺事件』は明治直前のお話です。主人が死んだとき、家来もあとを追うことを殉死《じゅんし》といいます。殉死は名誉なことだと考えられていました。『阿部一族』では、家来たちは殉死のために、喜んで切腹を望む様子が伝わってきます。そんなに命を軽く考えていいものなのでしょうか。現代の私たちの感覚では、とうてい理解できません。しかし、それが武士だったのですね。

『堺事件《さかいじけん》』では、フランス人に対して罪をおかしたということで、土佐《とさ》（高知県）の侍、二十人が切腹を命じられたお話です。

フランス人の立ち会いの下、腹を切ることになりました。十一人までが切ったときです。フランス人は、その姿をとても見ていられなくなり、とうとう席を立ってしまいました。そして、残りの九人の切腹はもうしないでくれということを伝えました。九人は切腹をまぬがれました。そのときも、九人は、「どうして俺《おれ》たちは死なせてもらえんのだ」と不満をぶつけたそうです。

自分の力で腹を切るなんて、なみたいていの精神力ではできません。

武士という、一部の身分の人たちだけだったとはいえ、私たちの国では、世界の人々からすれば信じられないような習慣があったのですね。

死をもって名誉を守る。責任を取る。それが当たり前の姿であるからこそ、武士は軽はずみな言葉や行いがなかったのだと思います。

今の日本でも、国民から選ばれた政治家などは、こういった心構えが求められるのではないでしょうか。もちろん、責任を取って死ぬ必要はありません。しかし、命がけで世の中のためにつくす。それが「名誉ある生き方」といえるのではないでしょうか。

さて、「名誉」の反対を意味する言葉が「恥」です。

武士たちは、恥をかくことをきらいました。

よくない行いをすると武士の子供は、「笑われるぞ」「恥ずかしくないのか」「名をけがすな」という言葉で注意を受けました。

これらの言葉は今でもよく耳にしますね。皆さんも、そんな言葉で注意をされたことがあるのではないでしょうか。

恥ずかしいこと、人から笑われるようなことはするなという考えが、私たち日本人にはしみついているのです。

日本の生活の基に流れているのは「恥の文化」だともいわれています。

私たちは、普段、恥をかくまいといろいろな場面で気を配ります。その習慣も武士道から来ているのですね。

(6) 忠義

「忠義」はむずかしい言葉ですね。あまり聞いたことがありません。忠義とは、自分の所属するグループ、またはその長につくすこと、江戸時代であれば藩の殿様につくすことです。

武士は自分の家族よりも、自分の藩や殿様を大切にしました。

藩のために、または殿様のために大きな働きをすることは、名誉なことです。その名誉のためには、命も捨てました。

「忠義」をわかりやすくいい表すと、「自分のことは後まわしにして、まずは社会のこと、皆のことを第一に考える」ということではないでしょうか。

自分のことは後まわしにして、皆のためにつくす行為は、いつの時代でも、どこの世界でも尊敬されます。

明治維新で近代化に成功したのも、武士道精神によるところが大きかったのだといわれています。

明治政府は藩を廃止《はいし》します。武士という身分をなくし、刀をさすことやちょんまげを結うことを許しません。武士にとっては不名誉なことです。

もし、武士たちが「名誉」ばかりにこだわって、日本中で反乱を起こしていたら、それこそ日本をねらう欧米の思うつぼでした。

もちろんいくつかの大きな反乱はありましたが、武士たちは政府の命令を、日本のためになるのならばという「日本に対する忠義」の心、そして、「勇」の心を持って受け入れたのだと思います。

武士道精神が武士の世の中を終わらせる手助けになったのは皮肉なことです。しかし、それで日本が救われたのです。

（7）大衆への広がり

このような「武士道」の考え方は、どうやって民衆に広まっていったのでしょうか。

新渡戸稲造の本では、本や語りや劇を通して広まっていったと書いてあります。

武士が主人公になっているお話が、いくつもあります。

劇場のようす

義や礼を大切にする気高い心、自分を犠牲にしてまでも主や藩につくそうという忠義心など、お話を見たり聞いたりして、庶民も自分たちの生き方の手本にしたのです。

「花は桜木、人は武士」

という言葉があります。花なら桜がいちばん。人なら武士のように生きるべし。そんな意味です。

人々は、はなばなしく咲いて、さっと散る桜の花に、名誉のためには命をも惜しまない武士のいさぎよさを重ね合わせました。

武士の生き方こそ、美しい姿であると教えられ、何年にもわたって庶民の生き方にも定着しました。

身分の高い人ばかりでなく、一般庶民まで高い道徳心を持っている国は、世界中探してもめずらしいそうです。

2　武士道と日本人

第三章で、日露戦争が奇跡の勝利をおさめたという話をしました。これも、武士道が大きく影響しています。

兵士のだれもが、国の危機に自分の命を惜しまず戦いました。これは、国民すべてにしみ込んでいた武士道精神から来ているのではないでしょうか。

絶対に落ちないといわれていた旅順要塞《りょじゅんようさい》ですが、守っていたロシア兵には、安心感はありませんでした。それは、倒されても、倒されても、何度でも攻め寄せてくる勇敢な日本兵に、「いつか自分たちは殺される」という恐怖におびえていたからです。だから、ステッセルが降参したときロシア兵は万歳を叫んで喜びました。

「これで助かった」と。

現代でも、世界中を驚かせた武士道精神の表れがあります。

二〇一一年三月十一日の東日本大震災での大被害を受けた人々の態度です。

冷静さ、がまん強さの「勇」、やさしさの「仁」、礼儀正しさの「礼」を発揮しました。家や財産を失っても、お互いを思いやり、助け合う被災者たち。空腹にもかかわらず、順番を守り食事を分け合う避難所。

逆境の中にあっても歯を食いしばって耐える日本人の姿が世界中に発信されました。いくつか紹介します。

アメリカ
「災害につきものの略奪と無法状態が日本にないのはなぜか。『敬意と品格』に基づく文化だからだ」

「災害に直面しながら、避難所ではごみが分別され、被災者自ら清掃している姿に『協力し合って復興に向けて動き出す日本の姿』を見た」

（「時事通信」二〇一一年三月十六日）

「自分たちが腹をすかしているのに、救助にあたったアメリカ兵に温かいスープをさしだした避難民。どんな境遇でも他人を思いやる余裕のある日本人に感銘《かんめい》を受けた」

「救助された老人から出た言葉は、『ありがとうございました』だけではなく『ご迷惑をおかけしました』だった。自分が死にそうな目にあいながらである。わたしたちは、こんな言葉をかける習慣をもっているだろうか」

（「ロサンゼルス・タイムズ」二〇一一年三月十五日）

中国

「まるで無声映画を見ているようだ。東京。電車が不通となり、徒歩で帰宅する数百万の人々。みな黙々と列をなし、ひたすら前をめざす。どなり声など聞こえない。車のクラクションも鳴らしていない。この日本人の冷静さは驚きだ」

「ビルの中で足止めされた通勤客は通行のさまたげにならないように両わきに座り、通路をあけてある。非常事態にもかかわらず、日本人は冷静で礼儀正しい」

（「産経新聞」二〇一一年三月十二日）

インド

「素晴らしい緊急時の態勢ができていた。すべてが精密機械のような動きだった」

（「産経新聞」二〇一一年三月十二日）

ロシア
「ほかの国ならこうした状況で簡単に起こりうる混乱や暴力、略奪などの報道がいまだない。東京でも人々は互いに助け合っていた。レストランや商店はペットボトル入りの飲料水を無料で提供し、トイレを開放した」
（「産経新聞」二〇一一年三月十一日）

読んでみて、皆さんは、どのような気持ちになりましたか？

私はこれらの記事を読んで、思わず涙が出ました。

先祖から受け継いだ美しく雄々《おお》しい日本人の姿が、こんな大災害のときに発揮されている。そして世界に感動を与えている。そう思うと、同じ日本人としてうれしさと誇りで涙が出ました。

そして、叫びたい。

「これが、ニッポン人だ。日本人の底力だ」

被災地の子供たちは、きっとこの底力を発揮して、苦しみを乗り越え、将来は日本を支える主役となるでしょう。そう信じています。

同僚の教諭はこの記事を使って、子供たちに「日本人の美徳」について授業を行いました。

授業後、多くの子供たちが次のような感想を述べました。

「日本人にとって当たり前のことをしているのに、外国人は驚いている。それが驚きだ」

同じ感想を持った人が、皆さんの中にもいるのではないでしょうか。

私は思いました。

「そうか、子供たちは、避難民の行為を当たり前の姿としてとらえているのか。これこそ、徳の高さではないか。先祖からの美徳は子供たちの代にもつながっている。日本は、将来もまだまだ期待できるぞ」


どんなときでも冷静で、他人を思いやる。助け合う。

こんな徳の高さが世界中に広まれば、もっともっと争い事は減るのではないでしょうか。

武士道精神こそが世界を救うのかもしれませんね。

これからの皆さんに大いに期待します。

日本のよさは、日本にいては
気付かんことが多い。
国外に出て、そこから見えて
くる日本のよさを世界に広めて
ほしいのじゃ。
もちろん、まずいところは直
さにゃいかんのう。

第五章　モノづくりと日本人

世の中は、私が子供のころにくらべてずっと快適に暮らせるようになりました。

科学技術の進歩が私たちの生活を発展させたからです。

便利で快適な世の中にするための「モノづくり」についても、日本は最も世界に貢献した国の一つだと言えます。

そこで、知人に、日本の発明、改良、世界一流技術にはどんなモノがあるのか尋ね、思いつくままに答えてもらいました。

そして次のような答えが返ってきました。

乾電池、トランジスタラジオ、安全・正確・快適な新幹線、東京スカイツリー、リニアモーターカー、青色発光ダイオード、トンネル掘り、ロボット、半導体技術、不良品の少ない部品、インスタントラーメン、製菓技術、ウォークマン、有機ＥＬ、クオーツ、自動改札機、ハイブリッドカー、金型、なんでも小型化、小惑星探査機はやぶさ、地球深部探査船ちきゅう、精密機械、カラオケ、超小型モーター（携帯電話など）、研磨技術、光ファイバー、金細工、速い・安い・旨い吉野家牛丼提供技術、ウォシュレット、缶コーヒー、造船技術、圧力隔壁、砲丸投げの球、セラミック、グラスファイバー、傘袋自動装着器傘ぽん

まだまだ、ここでは書ききれないくらいたくさんあります。

皆さんも、他に「これもそうだよ」と、思っているものがあるのではないでしょうか。日本の発明・改良、すぐれた技術、その数の多さや世の中への貢献度の大きさも奇跡的だといえます。

どうして、日本人はこうもすばらしいモノづくりができるのでしょうか。

この章では、そのことについてお話ししましょう。

1　働き者

日本人は昔から働き者です。だれもが働きます。

特別な理由がないのに、働かない人間は見下《みくだ》されます。

身分の高い人も、なんと、神様だって労働します。『古事記』では、天照大御神《あまてらすおおみかみ》も機織《はたお》りをしています。殿様だって時には力仕事をしたそうです。

一方、西洋は違います。

『旧約聖書』では、アダムとイブが神様のいいつけにそむいたから罰として働かなければならなくなったと書かれています。

労働を、あまりいいイメージとしてとらえていないようですね。昔、身分の高い人は、奴隷をやとい、肉体労働をしませんでした。

中国や朝鮮も同じです。労働は、身分の低い者の仕事という考えです。

この労働に対する考え方の違いが、日本人を他の国より仕事熱心にしました。それは当然、新しいモノを開発するエネルギーにもなったのです。

日本人のまじめな働きぶりについて、次のようなエピソードが『日本はなぜ世界でいちばん人気があるのか』（竹田恒泰《たけだつねやす》著）という本にありました。

感動したのでご紹介します。

大東亜戦争の終戦のとき、満州にいた多くの日本人は、ソビエト（今のロシア）軍にシベリアへ連れて行かれました。そこで強制労働をさせられたのです。「シベリア抑留《よくりゅう》」といいます。シベリアばかりでなく、中央アジアの方にも連れて行かれました。現地に、橋や学校や発電所など造らされたのです。ろくな食料も与えられず、厳しい自然環境の中で働かされました。日本人だけで六十万人もいたのです。

そんな条件で働かされたら、熱心に仕事などできないのが普通です。実際にドイツ人はそうでした。

しかし、日本人は違ったのです。

手抜きなどせず、ていねいな仕事をしました。

日本人の働く姿を見て、現地、ウズベキスタンの人たちは、ついには尊敬するようになりました。

あるとき大きな地震に襲われました。ほとんどの建物がこわれた中、日本人の造った建物だけが無事に残りました。現地の人は、改めて感心しました。

ウズベキスタンの子供たちはこういわれて育ったそうです。

「日本人のように、まじめな人になりなさい」

どうですか。さすが日本人ですね。皆さんにもそういうDNAがあるんですよ。

もう一つあります。やはり、終戦六年後の話です。

日本の支配を終えた連合国軍最高司令官のマッカーサーがアメリカへ帰りました。

一九五一年、アメリカの軍事外交合同委員会というところで、彼は次のような発言をしています。

「日本の労働力はどこにも劣《おと》らず、すぐれている。人間は、何もしないでいるときよりも、働いて、何か作っているときのほうがしあわせだと日本人は考えている」

六年間日本人を観察した人の言葉です。「働いているときのほうがしあわせだと日本人は考えている」ですって。

彼の眼には、よっぽど日本人が働き者に映ったのでしょうね。私たちにとっては当たり前の姿だと思うのですが。

実は、彼は、その会議でこんなこともいったのですよ。

「資源がなく輸入に頼って産業が成り立っている国が、輸入品を止められれば、多くの国民が働き場を失い失業者があふれる。彼らはそれを恐れていました。やがて国が亡《ほろ》びる。追いつめられた日本は、自分を守るために戦いの道を選んだ」

第三章のお話の続きになってしまいますが、占領軍のトップが、このように日本の立場に理解を示す発言をしているのです。

今でも日本人の働きぶりは、世界でも有名です。

働き過ぎだという批判もあります。

そういえば以前、こんなテレビコマーシャル（ＣＭ）もありました。あるスタミナドリンクのＣＭです。

「二十四時間戦えますか？　ジャパニーズ・ビジネスマン」

外国人には信じられないでしょうね。

私もむりです。

2　手先の器用さ・繊細《せんさい》さ

日本人は、昔から手先が器用だといわれています。

指先の微妙《びみょう》な感覚がすぐれているのでしょう。

日本人は、生まれつき繊細な感覚を持っているようです。

日本人は、この繊細な感覚でいろいろなものを生み出していったのです。微妙《びみょう》な色の違い、音の違い、温度の違い、手触《てざわ》りの違い、これらを感じ取りモノづくりに生かしていったのでしょう。

製品《せいひん》を小型化してしまう技術は、まさにこの感覚が生かされているといえるでしょう。また、日本人の文化に通じている「わび、さび」などは、この感覚から来ているのではないでしょうか。

もちろん、味に対してもそうでしょう。日本料理はいうまでもなく、日本の菓子も最高においしい。

さらに、おもてなしの心も、この繊細さのたまものだといえます。

日本のおもてなしの心は、世界でも評判です。

モノづくりからは少しそれますが、旅館やホテルの接客態度《せっきゃくたいど》は、どの国にも負けません。その接客技術《ぎじゅつ》を、今や海外に出かけて教えているほどです。

また、家電量販店《かでんりょうはんてん》のサービスも飛びぬけてすばらしいそうです。これも、おもてなしの心が行き届《とど》いているからです。

虫の声

「微妙な感覚」で思い出したことがあります。皆さんは、小学校の音楽で『虫のこえ』を習ったと思います。覚えていますか？

マツムシが「チンチロチンチロ」、スズムシが「リンリン」、クツワムシ「ガチャ、ガチャ」といった歌詞です。

虫の鳴き声の特徴《とくちょう》を上手にとらえた詩で、私はとても好きです。虫の鳴き声を歌にしてしまう感覚は、日本人にしかないそうです。欧米人は、虫の声なんてただの雑音にしか聞こえないそうです。

日本人ならではの感覚だと思うと、あの歌を歌うときに、なんとなく優越感《ゆうえつかん》を覚えてしまいます。

3　チームワーク

「日本人のチームワークには定評《ていひょう》がある」

「日本人は、一人ひとりを見るとそれほど優秀であるとは思えない。むしろ他国からの留学生《りゅうがくせい》のほうが優秀な人間が多い。討論会《とうろんかい》を行うとそれがよく表れる。ところが、チームを組ませて活動させると、他の国ではとうていかなわないすばらしい成果を上げる」

これは、アメリカの大学教授たちが、留学生《りゅうがくせい》を見たときの感想です。

皆さん、どうですか。これが日本人の特徴《とくちょう》なのです。

私はこの事実がとても好きです。

討論会《とうろんかい》は、自分の意見をばんばんいって相手を説きふせる、自己主張《じこしゅちょう》の場です。

そういう活動が、日本人は得意ではありません。

なぜならば、なるべく自分を抑えて、周りに合わせることをよしとするのが昔からの日本人の価値観《かちかん》だからです。

「日本人は、何を考えているのかよくわからない」と、よくいわれます。自己主張が少ないため、国際社会では伝わらないのです。

同じ東アジアの人種でも、中国や韓国の人たちのほうがはっきりと自己主張するのでわかりやすいといわれています。

留学するような中国人や韓国人は、とても優秀です。しかし、優秀な人間が三人集まると、それぞれ自己主張が激しくて最後にはけんかになってしまうそうです。

これではチームを組んでいい仕事なんてできませんね。

一方、日本人は自己主張は後回《あとまわ》しです。

まずは、自分の所属《しょぞく》している集団《しゅうだん》やチームのことを優先《ゆうせん》します。

目標が定まると一致団結《いっちだんけつ》してすごい力を発揮《はっき》するのです。

以前、ＮＨＫの『プロジェクトＸ』という番組がありました。

日本の会社で働く人たちを取り上げた番組です。

毎回、すばらしいモノを作り上げた人々にスポットを当てて、成功するまでの道のりを紹介しました。

どの回にも共通していることは、団結力やチームワークです。

ある強力なリーダーの下で、チームが一丸となって困難を乗り越えていきます。困難を解決していくのはリーダーだけではないのです。チームのだれかのアイディアがヒントになり、採用されると周りは協力を惜しみません。そして、最後には成功を勝ち取ります。とても感動的で、涙が出ました。

私は、そのたびに叫びました。

「いいぞ、ニッポン人」

では、日本人はどうしてチームワークにすぐれた国民になったのでしょうか。

それは、日本人が農地の少ない島国の農耕民族であったためではないかといわれています。

古代はもちろん、江戸時代でさえ国民の九割が農民です。

稲を育てるために、私たちの祖先は協力し合って生きてきました。

田植えや稲刈りのときには村中総出《そうで》で作業したのです。

今日は七兵衛《しちべえ》さんの田、明日は元次郎《もとじろう》さんの田というように順番で皆がいっせいに作業するのです。

機械などなかった時代には、この方法がいちばんうまくいったのです。

こうして協力し合うことが自然と体にしみついてきました。

たとえ優秀でも、個人の取り組みには限界があります。しかし、皆が協力するともっともっと大きな力となるのです。


ところで、現在は、農家の数はずっと減りました。

では、どうやってチームワークを身につけているのでしょうか。

それこそ、学校教育が大きな役割を果たしているのです。

（少し話が長くなってしまいますが、私が関係していることなので、がまんしてお付き合いください）

小学校や中学校では「学級」という集団がとても強いつながりです。

学級担任になった先生は、学級のまとまりを大切にし、団結力を発揮できるクラスを目指します。協力し合い、高め合う集団でありたい。皆さんが考えている以上に担任はこのことで頭を悩ませているのですよ。

小グループを組んで行う教育活動もたくさんあります。

清掃や給食当番は、班の協力が必要です。

外国では、掃除や食事の配膳などは専門の職業の人がやって子供たちがやらない国が多いのです。

生活科では、学校探検、町探検。皆さんも班別でやったでしょう。修学旅行も班行動があります。

合唱コンクールや運動会のダンス、組体操も集団の協力がなければできません。

高校野球の応援もその一つだと思います。

私は高校時代、柔道をやっていました。最初は、野球の応援に不満を持っていました。

「柔道部員だって野球部員だって良い成績を残すために努力しているのは同じだ。どうして野球部ばかりが県予選の一回戦から皆に応援してもらえるのだ。不公平ではないか」と。

バスケットボール部の顧問をしている友人の高校教員は、私と同じような不満を部員から訴えられました。彼は次のように答えました。

「全校が一つにまとまるためです。それには野球の応援がいちばん適しているのです。室内競技では、大人数は入りません。サッカーと違って野球は、攻めの時間、守りの時間の区別がはっきりしています。ピッチャーの一球一球にも間合いがあります。皆がいきを合わせての応援がしやすいのです」

これを聞いて私も初めて納得しました。

皆で応援することにより、団結力を高め、愛校心も育てているのでしょう。

野球という競技そのものも、個人の活躍よりもチームが勝つことを第一に考えます。やはり、チームワーク、まとまりです。高校野球は、特にその傾向が強いですね。四番バッターだって、時にはバントを命じられます。

私は、「高校野球」は、競技の特色といい、応援のあり方といい、もはや「日本の国技」といってもいいのではないかと思います。

皆さんも知らず知らずのうちに学校教育で、協力する心が育てられているのですよ。それがモノづくりニッポンに貢献しているのです。

4　よりよいものを

日本には、昔から「職人気質《しょくにんかたぎ》」という言葉があります。

これは、よりよいモノを作ることを最も優先《ゆうせん》した考えを表した言葉です。

「俺は、金もうけのためにやってんじゃねぇやい」

皆さんも、こんな勇ましい職人さんの言葉を聞いたことがありませんか。

お金のためではなく、自分がよしとするものを作るために働く。

そのためには妥協《だきょう》しない。努力を惜しまない。ある意味、頑固《がんこ》なのです。

そして、できあがったものに自分が納得する。その結果、お客さんにも喜んでもらえる。

この「職人気質」でいいモノを作りあげる技術を持った人が、日本にはたくさんいるのです。それが、日本の工業製品の質を世界一に高めてきました。

さて、職人気質は、主に個人に使われる言葉ですが、集団でも存在します。

「私たち現場は、どうしたら作業の無駄をなくせるのだろう」「どうしたら不良品を減らせるのだろう」「どうしたら早く仕上げることができるのだろう」

皆で考え、意見を出し合います。

労働者は、与えられた仕事だけをやってすませようと思えばそれも可能です。

しかし、それには満足せず、より高めようとする現場の人たちが、日本にはたくさんいるのです。

このやり方で、生産方法を「改善」してきた会社は、トヨタ自動車が有名です。

なんと、この「kaizen」は、そのまま英語になっています。

ところで、改善に向けた話し合いには、それなりのやり方があります。ただ話し合えばいいのではないのです。

実は、この話し合いのテクニックはアメリカで考え出されたものです。

しかし、アメリカでは根付かずに、日本で花開きました。

仕事好き、団結力の強さ、職人気質。日本人にはこれらが備わっているからだと思います。

それに、もう一つ理由があります。

一人ひとりの基礎学力の高さです。

質のよい話し合い活動をするには、メンバー皆にそれなりの基礎学力が必要です。

基礎学力といえば、小学校教育です。

日本人全員の基礎学力をつけるために、小学校教師はとても苦労しているのです。今でも、日本の識字率は世界一です。掛け算九九だって皆できるようになったでしょう。これまでになるには、本当に大変ですから。

もちろん、家庭の協力があってのことです。

5　老舗《しにせ》

モノづくり大国ニッポンがもう一つ世界に自慢できることがあります。

それは、歴史の長い企業が多いということです。

野村進《のむらすすむ》さんの『千年、働いてきました』という本によると、日本ほど老舗の多い国は

ないそうです。

和菓子屋、旅館、仏具屋、薬局など、創業千年を超す店や会社がたくさんあります。創業千年ですよ。気が遠くなります。

世界でいちばん古い企業が、大阪の金剛組《こんごうぐみ》という建築会社で、創業千四百三十五年だそうです。なんと、聖徳太子のころからの企業です。

現在国内では、創業百年を超す店や会社は、十万社以上もあるそうです。

アジアの中では日本が飛びぬけて老舗が多いそうです。

ヨーロッパとくらべてもひけをとりません。

ヨーロッパでいちばん古いのが、イタリアの金細工メーカーです。これが、創業六百四十年。

日本にはそれより古い店や会社が百社近くあるそうです。さすが日本ですね。

どうしてつぶれずに長続きし、生き残れたのか。

野村さんはいくつか理由をあげています。その一つは、「どの企業も時代の変化に対応してきたこと」です。

それはそうですね。

例えば、刀を作る企業が平和な世の中になっても刀を作り続けていたら、売れません。その技術を生かして農具づくりに転向したりするでしょう。

私がおもしろいなと思ったのは、老舗が多いのは「国が安定していた」という理由です。中国大陸は長い歴史を持っています。しかし、国の支配者は何度も替わりました。そのたびに支配者は、新しい決まりを作り、今までの常識はひっくり返ってしまいます。

そのため、人々は国や他人を信用しなくなってしまいました。信用できるのは自分の親族だけです。ですから、その分、自分の血縁関係のつながりはとても強くなりました。

そんな中国大陸で、仕事が成功したとしましょう。

跡取りは自分の息子ですね。代々、男が生まれ続ければ問題ありませんが、そういうわけにはいきません。女しか生まれない場合だって必ずあります。

日本では、女しか生まれなければ、お婿《むこ》さんをとって跡《あと》をついでもらったり、弟子についでもらったりしますね。血族にそれほどこだわりません。

しかし、他人を信用しない中国人はそれをしません。お婿さんは、血がつながっていません。他人です。跡取りにはしないのです。だから、商売もそこで終わってしまうケースが多いそうです。

もったいないですね。

日本は、神武天皇以来、他国に侵略されていません。江戸時代にも長い平和が続きました。

そんな中で、他人を信用しやすい、人のいい性格の国民性が育ってきたのですね。

そういえば『古事記』によると、元をただせば日本人は、すべてイザナギ、イザナミから生まれています。そう考えてみれば、全員血縁関係でした。だれが跡をついでも他人ではないのかもしれません。

敗戦後、日本中が焼け野原になりました。

その当時、世界中から日本は再起不能だと思われていました。

ところが、またたくまに立ち直り、「奇跡の復興」と讃《たた》えられています。

この奇跡も、この章でお話しした日本人の勤勉さ、団結力の強さがあったからでしょう。

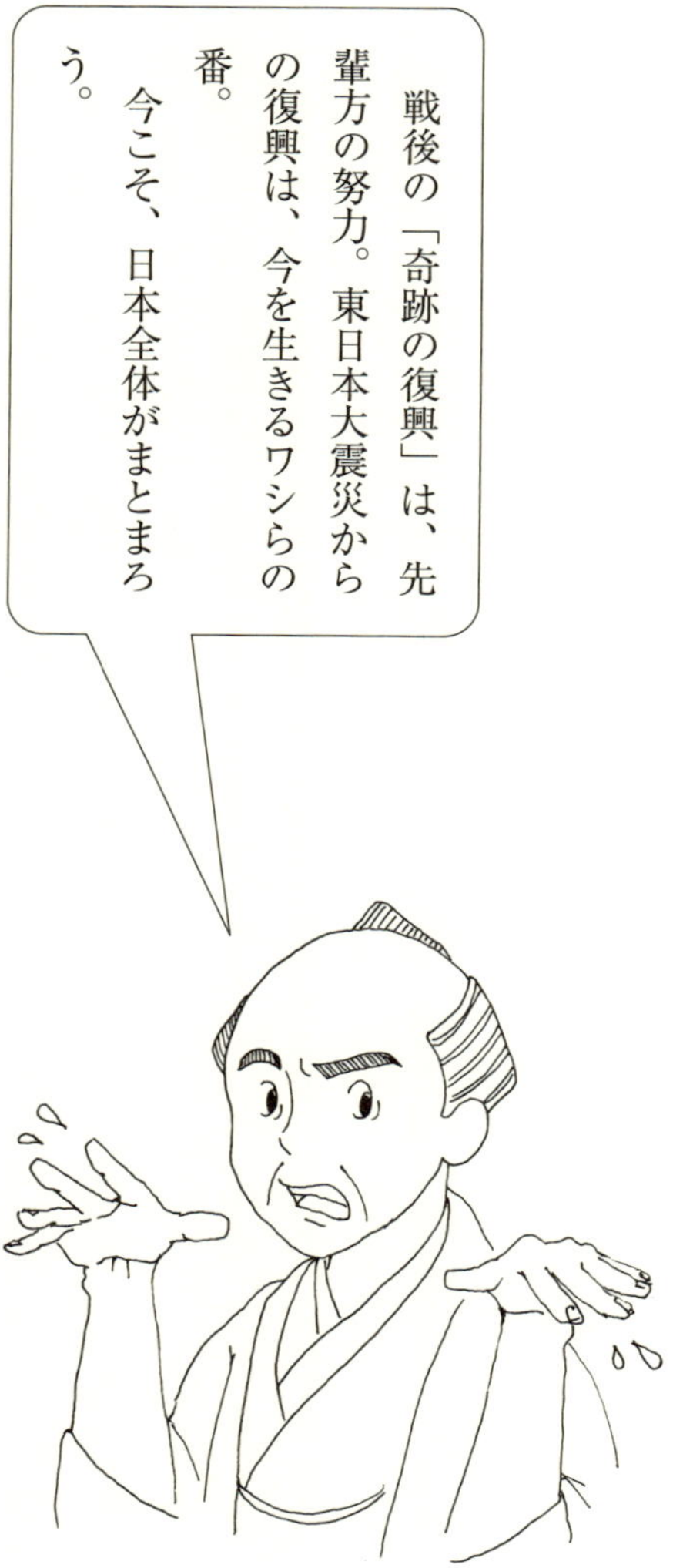
戦後の「奇跡の復興」は、先輩方の努力。東日本大震災からの復興は、今を生きるワシらの番。
今こそ、日本全体がまとまろう。

第六章　恵《めぐ》まれた自然

日本は海に囲まれた美しい島国です。豊かな自然に恵まれています。
この恵まれた自然環境《しぜんかんきょう》も、私たちの国の自慢の一つなのです。
この章では、日本の山と海についてお話しします。

1　山

日本の国土の八十パーセントが山地《さんち》です。
山地は木におおわれ、はげ山は見られません。
皆さんは、山に木があるのは当たり前と思うでしょう。
しかし、世界には木のない、あるいは、木が育たないはげ山がたくさんあるのです。

日本の山は、季節によって色が移り変わり、美しさを感じさせます。春夏秋冬の自然の変化がはっきりしているのも、日本が自慢できることの一つなのだそうです。

ドイツでの生活が長かった伊豆市長の菊地《きくち》豊《ゆたか》氏は、

「ヨーロッパでは、日本ほどはっきりとした季節の変化を感じない。アフリカのモザンビークもそうだった。日本の四季《しき》の変化はすばらしい」

と語っていました。

これと同じことは、国際線の客室乗務員をしていた教え子もいっていました。日本だけに住んでいるとわからない感覚ですね。

日本は、国土の大部分が山地で、森林《しんりん》の割合は国土の六十四パーセントです。森林率《りつ》が六十パーセントを超える国は世界で十か国しかありません。

森林は、水をたくわえます。「緑のダム」といわれています。大雨が降っても雨水を森林が受け止めて、少しずつ川へしみ出してくれます。もし、森林がなかったら大雨のたびに洪水《こうずい》になってしまいますね。

また、少しずつしみ出してくれるので、一年中、川に水が流れています。

水こそ、私たちが生きていく上でなくてはならないものです。
それが、森林のおかげで、一年中安定して得られることはありがたいことです。

小学校の社会科では、「生活用水《ようすい》」や「農業用水」を学習します。それだけ、水の流れが大切だからです。

また、日本の水は世界でもいちばんおいしいという評判《ひょうばん》です。しかも、値段が安い。

それだけ、豊富《ほうふ》にあるからですね。

ヨーロッパでは、ワインより水のほうが高いし、中東《ちゅうとう》ではガソリンより水のほうが高いこともあります。

外食《がいしょく》するとただで水が出てくる日本は、なんて恵《めぐ》まれているのでしょう。

日本人が世界一の清潔な国民になれたのも、水のおかげといえるでしょう。入浴、洗濯、食器洗い。清潔さを保つためには水を使います。

日本の工業の発展にも水が役立ってきました。

工業生産には、大量の水を必要とする、そういう工場が多いのです。水の値段が高いと、水をたくさん使う工業製品はできませんね。

質の良い大量の水を絶えることなく供給《きょうきゅう》してくれる森林こそ、日本の生命線《せいめいせん》なのではないでしょうか。

森林の役割は、水の供給だけではありません。

雨や風で地面の表面がけずれてしまうことを浸食《しんしょく》といいます。

木が植わっていることで、浸食を防ぐことができますね。

また、大風からも守ってくれます。新鮮な空気を作ってくれます。いろいろな生き物が暮らせます。

森林から流れ出た栄養のある水は、魚のえさであるプランクトンも発生させ、多くの魚を育てます。

なんといってもいちばん役に立ってきたのは、木材です。

建築材料にするために木を植えてきたといってもいいでしょう。

かつて、日本の建築物はすべて国産の木材を使っていました。

建物は、その地方で育った木を使うのがいちばん理想的なのだそうです。

その地方の暑さ、寒さ、湿度で育った樹木は、木材になってもそこの気候に耐え、長持ちするのです。

しかし、いつからか、国産材はあまり使われなくなってしまいました。輸入材を使ったほうが安いからです。日本の木材は売れなくなってしまいました。

そこにあるのに。なんともったいない。

また、木は燃料としても使われてきました。

昔は、木の燃料はどこの家庭でも、なくてはならないものでした。

今では、家庭の燃料は、ガスや石油、電気に替わってしまいました。

元高校教員の知人は、薪《まき》を燃料にしてエンジンを回し、車を走らせることに成功したユニークな人です。森林の町で育った彼は、木材を有効活用できないかと、この研究に取り組みました。

計算によると、彼が住む町の森林だけで、石油七百八万バーレル分のエネルギーをたくわえていることになるそうです。これを、今の原油相場（一バーレル約一万円）で計算すると七百八億円です。七百八億円ですよ、一つの町だけで。

日本全体で計算したら、いったい、何十兆円になるでしょうね。

ものすごい資産だと思いませんか?

これから石油価格は確実に上がることが予想されます。

彼はこうもいっていました。

「今、ハイブリッドカーが普及してきています。ハイブリッドカーは、ガソリンも使いますが、いずれは、電気自動車に替わるでしょう。すべての家庭で車を充電するようになったら電気が足りなくなります。そのときには、薪エンジンの発電機を回して充電することも可能です」

国内のエネルギーを海外から買っているわが国にとって、森林は大きな味方になりそうです。

2　海

日本の国土《こくど》面積は、約三十七・八万平方キロメートルで、世界第六十位です。

では、海についてはどうでしょうか。

排他的経済水域《はいたてきけいざいすいいき》（ＥＥＺ）と領海を足した面積は、約四百四十七万平方キロメートルで、なんと、世界第六位です。

ちょっと、驚きでしょう。

排他的経済水域とは、漁《りょう》ができる権利《けんり》、海底を調査する権利がある水域です。

他国は通過することは認められていますが、漁はできません。

これと領海を足した面積が世界第六位です。これは上手に利用したいですね。

日本は、海からの恵みもはかり知れないものがあるのです。

海は日本を、海外の敵から守ってきました。

国が始まってから一度も侵略されたことがありません。いまだに続く、世界でいちばん歴史の長い国でいられるのも海のおかげといえるでしょう。

また、海上は物を運ぶのにも都合がいいですね。トラックなどない時代に、大きな街から街へと物を大量に運ぶには、船がいちばん適していました。大坂から江戸まで米や木材を運ぶのに、すべて陸上で行ったら大変です。馬が何十頭も必要だし、それなりに道路を広げなければなりません。

海ならば、その必要はありません。荷物を船に積めばあとは潮の流れや風を利用して運べます。

なんといってもいちばんの恵みは食料でしょう。

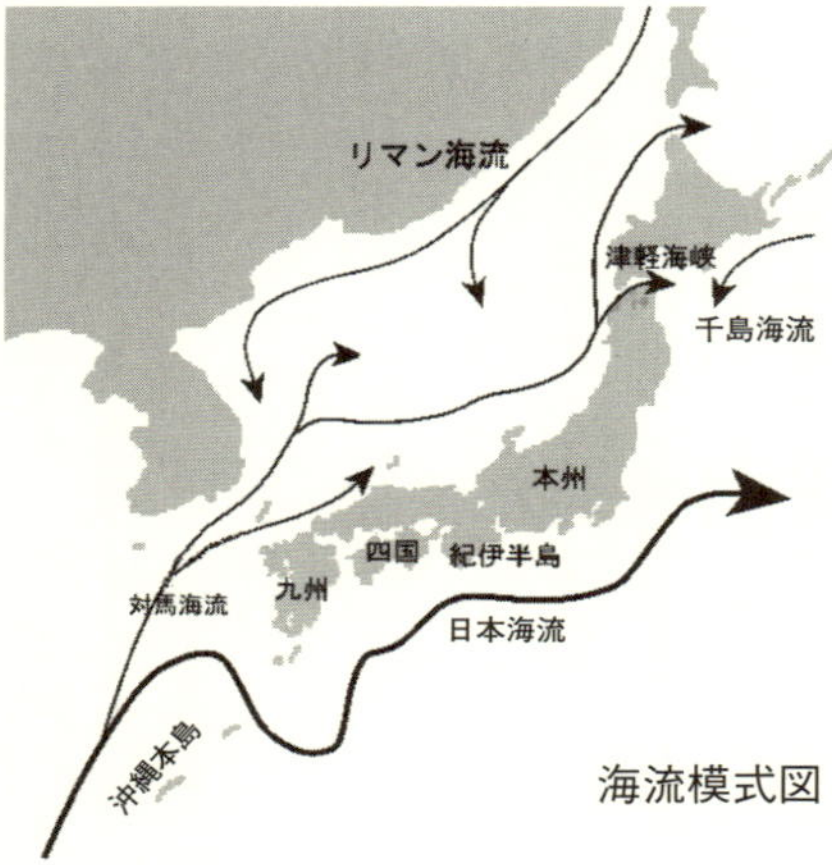

海流模式図

日本の周りには、四種類の海流が流れてい

ます。日本海側で二つ（対馬《つしま》海流、リマン海流）、太平洋側で二つ（日本海流＝黒潮、千《ち》島《しま》海流＝親潮）。それぞれがぶつかっています。その地点ではプランクトンが発生して、よい漁場《りょうば》を作っています。

魚の種類も豊富です。

アジ、サバ、イワシ、サンマ、タイ、マグロ、ホッケなどなど。

魚好き、すし好きの人はうれしいですよね。魚ばかりでなく、貝や海藻もおいしい食材です。

ところで、私の学校の外国語指導助手（ＡＬＴ）から聞いた話ですが、アメリカでは、魚の名前はサーモンしか知られていないそうです。あとは区別することなく、すべてフィッシュといっているそうです。日本人が、いかに多くの種類の魚を食べているのかわかりますね。恵まれています。

食料としての魚介類《ぎょかいるい》は、飢饉《ききん》のときなどたくさんの国民の命を救ってきたのでしょう。

海は日本のエネルギーについても大きな可能性をひめています。

波の力で発電できます。潮の満ち引きでも発電できます。

これからもっとも期待されているのが、「メタンハイドレート」です。

これは、「燃える氷」と呼ばれる物体で、燃料になります。

日本近海の海底に、特にたくさんあるそうです。

日本人が使うガスエネルギーの約百年分が海底に眠っているそうです。

これを利用できるようになれば、日本はエネルギーを輸入しなくてすむようになるのではないでしょうか。

明るい未来です。

地下資源の少ない日本にとって、さらに明るい光も見えます。

海底には、金、プラチナ、銀、銅が眠っているそうです。しかも、水深四百メートルと、開発が可能な深さなのだそうです。

「レアアース」も見つかりました。レアアースは、半導体や電気自動車のバッテリーなど、電子部品に使われています。

ハイテク素材にレアアースを加えると、その性能が驚くほど高まるのだそうです。これからの工業製品には欠かせないものです。

現在、レアアースは世界の八十六・八パーセントが中国で生産されています。

これが、日本で生産されるとなれば、大きな利益につながるでしょう。

実は、これを陸上で掘ると放射能を発生して危険なのだそうです。しかし、水の中なら危険性は少ないそうです。

なんだか、わくわくしてきますね。まさに宝の海です。

日本の未来は明るいのです。


日本の山や海が、他国にくらべて恵まれていることがわかったでしょうか。

私たちの国は、海の幸《さち》、山の幸に囲まれているのです。

こういった環境は、四十五億年という地球の歴史上、偶然が重なってできた「奇跡」といえるでしょう。


私が卒業した沼津市立内浦小学校の校歌に次のような歌詞がありました。

撮影者：林田甫　webサイト『富士山のページ』より

作詞　大川　渉《おおかわわたる》

海山《うみやま》の幸《さち》　とれども　尽《つ》きず
自然《しぜん》の恵《めぐ》み　いと幾許《ここだ》くの
望《のぞ》みかけつつ　我《われ》らを待《ま》てり

※いと幾許く
「とてもたくさん」という意味

最近よく使われる「持続可能社会《じぞくかのうしゃかい》」という言葉を聞くたびに、私はこの校歌の「とれども　尽きず」という歌詞を思い浮かべます。

とっても終わりがないという意味です。

しかし、それはこの歌が作られたころ

の海や山です。

今は違います。経済や生活のスタイルなど昔と環境が変わりすぎて、今のままでは、持続できなくなってしまう。そんな危機感があるからこそ「持続可能社会」が叫ばれるようになったのではないでしょうか。

今こそ、自然の幸が「とれども　尽きず」であることをめざすべきです。


私たちの祖先は、海の幸、山の幸のおかげで生き続けてくることができました。その命が、現在までつながっているのです。

日本の自然の恵みを、これからもずっと守り続けていく。上手に利用していく。それは私たちの責任でもあるのです。

１３６ページの写真の景色がわしのふるさとじゃ。海山に囲まれ、富士山も見える。
どうだ、きれえずら。

第七章　これからを生きる皆さんへ

皆さん、日本という国のすばらしさをわかってもらえましたか?

日本人であることに、少しは誇りを持てたでしょうか?

これまでお話ししたことは、すべて、私たちの先祖、先輩方が築き上げてきたことです。

後に続く私たちは、ぜひ受け継いでいきたいものです。

しかし、問題点もたくさんあります。

最後に、それについてお話しします。

1　問題点

まずは第一章のお話、「天皇」から。

ここまで万世一系《ばんせいいっけい》で続いた天皇ですが、跡取《あとと》りのことが問題になっています。

現在の皇室《こうしつ》に男のお子様が一人しかいないからです。今の皇太子殿下の次の世代の後継《こうけい》者《しゃ》は悠仁《ひさひと》様しかいらっしゃらないのです。もし、悠仁様に男のお子様ができなければ、それで万世一系は終わってしまうのです。

千年以上続いたこの奇跡が途絶《とだ》えてしまいます。皆さんの代で終わってしまうのです。

もともと跡取りで困らないように「宮家《みやけ》」というものがありました。

宮家とは天皇になれる血筋を持った人がいる家です。

大東亜戦争前は、全部で十四の宮家があったのです。これだけあればどこかの家で必ず男の子は生まれるでしょう。

ところがですよ、現在宮家は三つに減ったのです。正確にいえば、減らされたのです。

どうしてでしょうか。

勘のいい人ならもうわかると思います。GHQ（連合国軍最高司令官総司令部）の命令です。GHQは宮家を、日本の富を独占していた「財閥《ざいばつ》」と同じと判断したそうです。それで、宮家が三つに減らされたのです。

悔《くや》しいですね。

日本人にとって、もっとも大切な存在のはずの天皇です。GHQが余計《よけい》な口出しをしたために、跡取り問題が発生しています。今まで二千年以上続いてきたものが途切れてしまうかもしれないのです。それで日本人があたふたしています。

なんか、おかしいですね。

だったら、元宮家だった家を復活させればいいじゃないの。

そう思われる人も多くいるでしょう。

私も同感です。

しかし、専門家にいわせると、それにもいろいろと問題があるのだそうです。そんなに簡単に解決できるようなことではないそうです。

いずれにしても、私がこの世を去るまでは万世一系という奇跡は続くことはほぼ確かです。それから先は、皆さんの世代のことです。ぜひ解決していただきたいです。「皇族の跡取りなのだから国民が口出しししない」これも一つの方法なのかもしれませんね。


次は道徳についてです。

日本人は、武士道精神がしみ込んだことによって、高い道徳心を持っています。それは、東日本大震災で世界中の人たちを驚かせました。

しかし、手放しで喜んではいられません。昔とくらべたらずいぶんと質《たち》の悪くなった人が増えました。

学校関係だけを見ても、昔では考えられなかった親が増えています。

給食費や学級費をはらわない親。子育てをまともにしない親（育児放棄《いくじほうき》という）。子供を虐待《ぎゃくたい》する親。少しのことですぐに学校へクレームをつけるモンスターペアレント。子供が非行に走っても注意できない親。キレる親。

これは都会に限らず、地方の学校でも、日本国中どこでも見られるのです。

日本はいったいどうなってしまうのだろうかと心配です。

原因の一つは、便利で快適な世の中になりすぎて、日本人全体に我慢《がまん》が足りなくなったためといわれています。

また、自由や権利を主張することばかりを教わって成長したからともいわれています。

どうしたらいいのでしょうか。

以前、国際ボランティア活動を何年も経験している作家の曽野綾子《そのあやこ》さんが、次のようなご意見を産経新聞で主張されていました。

「日本の若者は、一定期間、集団生活をしながら社会奉仕活動をするといいのではないだろうか」

という言葉です。世界中の貧しい暮らしを見てきた人の言葉です。

私も賛成です。そういったことを国民の義務にしたらいいのではないでしょうか。

例えば、国内なら合計二年間、途上国なら一年間、自衛隊なら半年間、というのはどうでしょうか。

国内の農林水産業は、人手不足といわれています。力仕事を必要としている所に、若者の力を補うことができないでしょうか。

現在、海外協力隊という形で、世界の国々に貢献している人がいます。その数をもっと増やせないでしょうか。

国を守る自衛隊も、若い人たちのエネルギーを必要としているのです。

若いときに不自由であること、不便さに慣れること、苦しさに耐えること、奉仕の精神を養うこと。それらを体験してこそ、大きく成長すると思います。

それを乗り越えた人は、親になってから、筋の通《とお》った子育てができるのではないでしょうか。しっかりと子供をしつけられるのではないでしょうか。

そういう親が増えないことには、日本はどうにかなってしまうのではないかと心配です。

どうですか、皆さん。奉仕義務、我慢できますか？

実際、こういうことをしている国はあるのですよ。


第五章で述べた「モノづくり大国日本」も、問題はたくさんあります。

日本の技術を支えてきた人たちが定年でやめていく。後継者がいない。地道な努力の積み重ねを必要とする職人技は、若い人たちに人気がないのです。

工場が海外に出て、国内の働く場も減っています。

また、器用さ繊細さも喜んでばかりいられません。

繊細であることが弱さにもつながっているのです。心が傷つきやすく、その結果、働けるのに働かないニートや引きこもり、さらには自殺といったこともあります。自殺者の多さは、大きな社会問題です。

日本人の「チームワーク」がいい仕事をしてきたことをお話ししました。

しかし、日本社会全体が集団を尊重しすぎるために、あるいは周りの目を気にしすぎるために、自分を押し殺し、はっきりと意見を述べない人に育っているといわれています。

これでは、自己主張が当たり前の国際社会でなかなか認められないようです。

わが国がすばらしい自然に恵まれていることは第六章でお話ししました。

しかし、自然災害の多さも世界一です。

地震、大雨、台風、噴火、津波。

日本の面積は、世界の〇・二五パーセントしかないのに、自然災害の被害額の割合は、十五パーセントもあります。「自然災害のデパート」などというありがたくない呼ばれ方までされています。

　私たちの先祖はこの災害と闘《たたか》い続けてきました。

　これからも、進んだ技術を持って、被害を最小限にくいとめる必要があります。

人間の進みすぎた文明が原因で、自然災害を引き起こしていることもいわれています。地球温暖化などそうですね。

これこそ解決しなければならない問題です。


さて、数々の奇跡を実現してきた日本ですが、国際社会では今一つ発言力が弱く、存在感が薄いのです。

どうしてでしょう。

それは、日本という国が一人前の国家として、まだ独り立ちできていないからなのではないかと思います。

私は、日本が世界をリードできる一人前の独立国家になるためには、三つの自立が必要だとずっと思ってきました。

それは、「食料」、「エネルギー」、「国防」です。

多くの日本人たちもそう思っているのではないでしょうか（国際関係アナリストの北野《きたの》幸伯《よしのり》氏は、これに加えてさらに「経済」、「精神」と五つの自立を主張されています）。

日本の自立について、これからを生きる皆さんに、私の思いをお話しします。

2　一人前の独立国家へ

（1）食料の自給

人が生きていくためには、食料は絶対に必要です。

これを輸入に頼っている国は一人前の国家とはいえません。

そう思いませんか？

食料を輸入に頼るということは、国民の生命を維持するカギを他国ににぎられているということです。考えてみれば、こんな危なっかしいことはありませんね。

もし、世界中が不作になったらどうでしょう。食料輸出国は、輸出する余裕などなくなります。日本は、食料を売ってはもらえず、たいへんなことになります。

食料の中でも、特に穀物《こくもつ》と呼ばれる米・小麦・大豆・トウモロコシが重要です。保存できるからです。

米は、わが国でなんとかなるかもしれません。

しかし、小麦、大豆はほとんどが輸入です。

パン、ケーキ、ラーメン、うどん、まんじゅう、ピザ……。全部小麦からできています。

料理に欠かせない調味料、味噌、醤油は大豆からできています。

これらが手に入らなくなった生活など想像もつきません。

アメリカのブッシュ元大統領は、「食料の自給できない国は自国民の生存を保障できない不幸な国である」といっていました。

次ページのグラフを見てください。穀物の自給率のグラフです。

先進国の食糧自給率です。

どうですか、どの国も百パーセントを超えているでしょう。

イギリスは、一九六一年、日本より少ない約五十パーセントの自給率でした。しかし、それではいけないということで、国が農業を最も重要な産業である（基幹産業《きかんさんぎょう》）と位置づけて、増産《ぞうさん》の努力をしました。今では百パーセントを超えるようになりました。

日本でも、国がリーダーシップをとって優先的に取り組むべき課題だと思います。

特に、小麦、大豆をなんとかしたいですね。

小麦の生産は、平地の狭い日本では不利だといわれています。

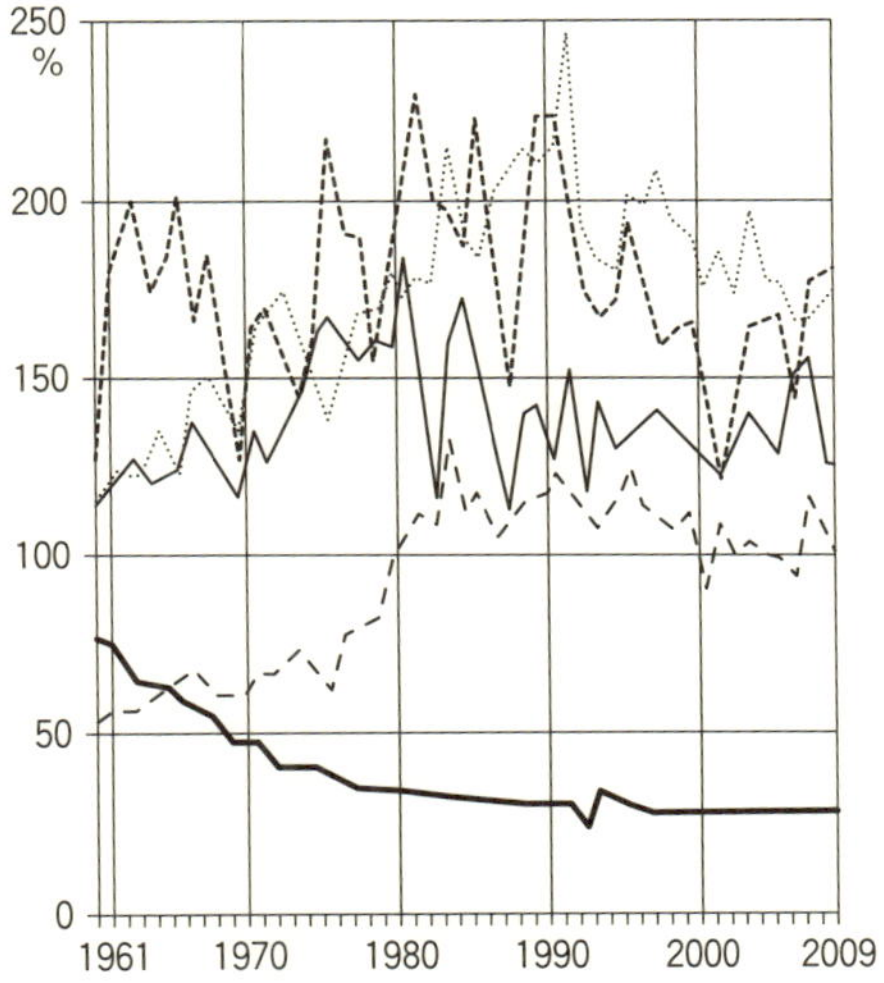

日本と主な国の穀物自給率の変化
（農林水産省HPより　2011年版）

そこで、小麦粉を使わず、米粉で代わりにならないかという研究がされていますね。

実際、我が家でも米粉パンを作って食べています。とてもおいしいです。小麦の生産量が上がらなくても、消費する量が減ればそれだけ輸入に頼る割合は減ります。

大豆も、なんとか工夫して、例えば工場などで生産できるようにならないものだろうかと思います。

ところで、私が子供のころとくら

べて、農地はずいぶんと減りました。住宅、工場、大型スーパーマーケットが建てられています。

食料自給のことを考えたら、これ以上農地を減らすべきではないと思いませんか？

でも、残念ながら農業をやめていく人は増え、農地は減る一方です。

ＪＡ（農協）に勤めている友人は、以前次のように話していました。

「現在、法律では、農地を借りられるのは農家だけになっている。農地を借りたいという人はいるのですが、貸してあげられない。いろいろな人に農地を貸すことが許されれば、農地が減ることは、かなり防げるだろう」

（平成二十一年に農地法が一部改正され、一定の条件を満たした個人や法人が、農地を借りられるようになりました）

また、専業農家の友人は、次のように言っていました。

「自給率の高いフランスは、国が農家を十分に保護しているだけでなく、農業に対する国民の意識が日本とは違う。農業は大切な産業だ。だから、多少高くても、国産の農産物を買って農家を支えよう。そんな考え方が消費者に定着している。日本もこうであってほしい」

フランス以外の欧米諸国も、国が農家に十分な収入の補償《ほしょう》をして保護《ほご》しています。また、海外の食料品に高い税金をかけて輸入しにくくしてあるのです。

日本では、今、「地産地消《ちさんちしょう》」という考え方を推進したり、インターネットで農家が産地直送したり、ブランド米の輸出をしたり、と新しい方法でがんばっている人たちが増えてきました。農業の会社もできています。

明るい表れですね。

一方、加盟国の間でほとんどの関税を撤廃し、自由な貿易を促進しようというＴＰＰ（環太平洋戦略的経済連携協定）の交渉が進められています。

これは物価の高い日本の農業を壊滅させるとして、ＪＡを中心に大きな反対運動が起きています。

皆さんはどうすべきだと思いますか？

農地を減らすことなく、また、生産量も安定させるには、農業で働く人が安心して仕事に取り組めることが重要ではないでしょうか。それには、やはり、国が、今以上に農家の収入を補償したり、儲《もう》かる農業に仕組みを変えたりすることが必要だと思います。

農産物以外にも、日本人がお世話になってきた食料が魚介類です。

太平洋は魚の宝庫《ほうこ》です。しかし、いくら宝庫といってもとりすぎたら魚はいなくなってしまいます。これを「乱獲《らんかく》」といいますね。

ある県庁の水産振興課《すいさんしんこうか》に勤めていた友人は、次のような心配をしていました。

「太平洋の公海上では、乱獲を取り締まるルールがない。このままでは、魚がとれなくなってしまうことははっきりしている。日本が、進んだ漁業技術を生かしてリーダーシップをとり、この問題を解決していかなければならない」

持続可能社会へ向けて、乱獲防止は、ぜひ解決しなければならない問題の一つです。

(2) エネルギーの自給

食料の次に私たちが生きていくのに必要なものは、エネルギーでしょう。

これがなくては、現在の生活は成り立ちません。

エネルギーの獲得は、世界中でいつも戦争を引き起こしてきました。

日本の大東亜戦争も例外ではありません。

戦争が終わった現在でも、エネルギーを輸入に頼る日本は、とても不安定な国家です。

原油の値段が上がったといっては、そのたびに日本中がほんろうされてきました。

一日も早く、エネルギーを自給できる国にすべきでしょう。

その最も大きな可能性を持っていて現実的なのが、メタンハイドレートだといわれています。

これは、「燃える氷」ともいわれています。第六章の「恵まれた自然」の「2　海」でも話しましたね。

メタンハイドレートが実用化されたら、それこそすごいことになります。エネルギーの自立どころか、日本がエネルギー大国として輸出できるようになります。

ちょっと、信じられませんね。

でも、手放しでは喜べません。

それは、二酸化炭素（CO_2）の問題です。

地球温暖化の原因は、人間が二酸化炭素を出しすぎたからだといわれています。二酸化炭素は、木などの炭水化物を燃やすと発生します。地表の光合成で作られた炭水化物を燃やすだけなら、環境には大きな影響はありません。なぜならば、もともと大気中にあった二酸化炭素を吸収して成長したのが植物の炭水化物です。それを燃やすということは、吸収された二酸化炭素が元にもどるだけのことなのです。これを「カーボン・ニュートラル」といいます。

問題なのは、地下の炭素を掘り出して燃やすことです。石炭、石油がそれです。メタンハイドレートも海底の地下にあるものです。それを燃やすのですから同じことがいえそう

です。

実用化する前に、こういった問題点も解決すべきでしょう。

また、限りある資源です。掘りつくせば終わってしまいます。

私が高校時代に期待をしていたのが、「水素エネルギー」でした。横浜国立大学の故太田《おおた》時男《ときお》先生の「ソーラーパネルで海水を電気分解させて水素を発生させる」というアイディア。これこそ無尽蔵《むじんぞう》で、世界中のエネルギー問題を解決できると思っていました。しかも、水素は二酸化炭素を出しません。燃えれば水です。理想のエネルギーです。

しかし、大きな欠点があります。水素は保存が難しいのです。低い温度や高い圧力で保存しなければなりません。丈夫な入れ物が必要です。その入れ物も、水素の影響を受けていたみやすいのです。水素がもれて引火《いんか》したら大爆発を起こします。

なかなかうまくいかないものですね。水の電気分解に振動を組み合わせると発生する「酸・

水素ガス」はこの問題を解決し、注目を集めています。実用化に向けての研究も進んでいます。

先ほど、いちばん現実的な自給エネルギーとして「メタンハイドレート」が考えられるといいました。

しかし、今、私がいちばん期待をしているのが、「オーランチオキトリウム」です。これは、海の藻《も》のことです。この藻が、なんと、石油に似た成分を作ってしまうのです。これなら、地表で作られるので、消費してもカーボン・ニュートラルにあてはまります。筑波大学《つくばだいがく》の渡邉信《わたなべまこと》教授らが発見しました。

この燃料の良いところは、今まで石油を原料にしていた道具がそのまま使えることです。火力発電所で使えます。石油ストーブやエンジンも改良することなく使えます。新しいものに買い替える必要がありません。エコですね。

自然エネルギーの発電もたくさん研究されています。

太陽電池や風力発電が代表的ですね。

それ以外にも、まだあります。

小川の流れを利用した小水力発電。温泉発電。海流発電。海洋温度差発電。

木材がエネルギーになることは、第六章「恵まれた自然」の「1　山」でお話ししました。昔ほど山の木が建築材料や燃料として利用されなくなりました。その結果、山が見放され、荒れています。もっと木材を使うことは、森林を生き返らせることにもつながるのです。それこそ、森林国家日本のあるべき姿です。

いろいろなエネルギーを組み合わせ、輸入に頼らないで自立できる国にしていきましょう。

(3) 国防の自立

人が生きていく上で、食料と同じくらい大切なものが「安全」です。

そのことを、私は若いころはあまり感じませんでした。しかし、年齢を重ねるとともに、安全や安心した暮らしの重要性を強く感じています。

いくら食べ物や財産があっても、世の中が盗みや殺人であふれていたら安心して暮らせません。私たちの幸せな暮らしは、安全、安心であってこそ実現できるのです。

人は安心を求めながら生きている。そして、集団を作っている。そういってもいいのではないでしょうか。

そのいちばん小さな集団が家族です。たった一人で暮らすよりも、家族で助け合って暮らしたほうが生きやすいのです。それだけ安心です。家族愛につつまれて暮らす。やはり安心です。

もっとも大きな集団が国家です。

他国に自分たちの暮らしがおかされないように、国が守ってくれれば、国民として安心です。国民の安全を守ることは、国としてとても大切なことの一つです。

その仕事をしているのが軍隊です。日本では「自衛隊」です。

私たちは、「軍隊」というとすぐに「戦争」と結びつけます。「戦争」は「悪」だから、「軍隊」も「悪」である。そんなイメージが多くの日本人にでき上がっています。

しかし、「自衛隊」は戦争をするためにあるのではありません。国を守るためにあるのです。

日本は、二度と戦争をしないことを憲法で決めました。すばらしいことです。私も、戦争反対です。

では、戦争はしないと決めたけれど、それだけで戦争にはならないのですか？

この質問を六年生にしてみました。すると、

「先生、外国から攻められれば守るから、それで戦争になるよ」

という答えが返ってきました。

その通りです。戦争は放棄《ほうき》したけれど、攻められれば戦いになります。戦いが始まれば、自衛隊が強くなければ国を守ることはできません。

今は、アメリカの力を借りて日本が守られています。

自分の国の安全なのに、他国に頼っています。

日本の国民の安全のためにアメリカの兵隊が命をかけて戦う。ちょっと想像しにくい姿です。

また、アメリカだって、いつまで頼りになるのかわかりません。余裕がなくなれば軍を引きあげるでしょう。

そうなったとき、私たちの国の安全は、だれが守るのでしょうか。

私たち日本人しかいませんね。

自分の国の安全は自分で守る。それでこそ、一人前の国といえるのではないでしょうか。

他の国は、当たり前にそうしています。

私は日本も、他国に頼らなくても国民をしっかりと守れる国であるべきだと思います。

伊豆市長・菊地豊氏は、以前、陸上自衛隊に勤務していました。青森で連隊長という身分まで経験しました。

彼は、次のようにいっています。

「日本に攻めてくる敵が、核兵器を使わないという条件ならば、日本はアメリカに頼らなくても、自分たちだけで国を守りきれる。ただし、そのときには、全国の土建業、運送業の協力が必要である。協力してくれるという取り決めがしっかりとできていれば、今ある防衛予算を大幅に上げなくても、守ることは可能だ」

頼もしい意見です。

また、次のようにもいっていました。

「より多くの人たちに、自衛隊での訓練を体験してほしい」

いざというときに戦力になるからという理由と、もう一つおもしろいことをいっていました。

「訓練でさえあれだけ苦しい思いをするのだ。実際の戦争になったときは、もっと苦しむことは容易に想像つく。だれも戦争など起こそうという気にはならない」

経験者だからこそいえる貴重な意見だと思いました。

日本は過去（一二七四年、一二八一年）に中国（当時の元《げん》）から攻撃を受けたことがあります。

そのとき、日本中の武士が協力して侵略を防ぎました。天候の助けもありましたが、結果として日本が日本として残ることができました。

また、日露戦争では国民皆で協力して戦い、日本を守ることができました。

これからも、他国から攻撃がないとはいいきれません。そのときには、力を合わせて国を守るべきです。

そして、世界でいちばん古い歴史でつながっている日本が、さらに続くようにがんばりましょう。

3　日本の貢献

日本は、食料とエネルギーが自立できたなら、今度は世界中の国々がそうなるように、手助けするべきでしょう。

例えば、日本の技術を使って海水を真水に変えたり、砂漠地帯を緑化できたりしたら、どんなに人類の役に立つことでしょうか。

そこが農地となり、食料を生産できます。飢えに苦しむ人たちをなくしたいですね。すでにそういった仕事に取り組んでいる人もいますね。

エネルギー問題も同じです。

世界中でエネルギー資源が、自国で生産されるようになれば、それを奪い合う争いはなくなります。

食料とエネルギーがどこの国も満たされれば、今よりずっと豊かな暮らしができます。苦しんでいる人も減ります。

今地球上には、日本人が想像もつかないような貧しい暮らしをしている人がたくさんいます。

栄養失調で病気になったり、亡くなったりする子供が数えきれないほどたくさんいます。この不幸を、人類の知恵でなんとかしたいものです。日本人が、中心となって解決してほしいです。

さて、すべての国に食料・エネルギーが満たされれば、人類の争いはなくなるでしょうか？

残念ながら、そう簡単なものではありません。

争いの種《たね》は尽きません。その中でいちばんやっかいなのが宗教問題《しゅうきょうもんだい》です。宗教戦争は、悲惨《ひさん》な戦いを何度も繰り返してきました。

このことは、「世界の歴史」を学習した人なら知っていると思います。

「宗教」とは、「人がどのように生きるかの教え」です。

それぞれの宗教では、信じる神が違います。だれもが、自分の信じる神が最高だと思っています。他の神や教えは認めようとはしません。

そして、自分たちの教えや神を否定されれば、そこで争いが起きます。

そんなことの繰り返しです。

それぞれお互いの神を認めないでいる以上、争いが終わることはありません。


しかし、私はその問題解決のかぎを握っているのが日本だと思います。

日本人の多くは、たった一つだけの神を信じてはいません。

神はたくさんいるのです。すべてのものに神が宿っています。そう信じています。八百《やお》万《よろず》の神です。

仏教が日本にやってきたときにも、争いはありましたけれど、私たちの先祖はうまく解決しました。

「神様も仏様も元は同じものだ。貴いものには変わりない。姿形を変えているだけだ」

そう考えることによって、神も仏も同じように敬《うやま》うことができたのです。

すばらしい知恵です。

この先人の知恵こそ宗教問題を解決するヒントになるのではないでしょうか。

また、日本人が身につけてきた武士道精神が世界中に広まって、高い道徳心が育てば、争うこともずっと減るでしょう。

世界中から争いがなくなる。

そうすれば、各国の軍は武器を買うお金も必要なく、災害救助に専念できます。

そう簡単に実現するものではありません。

百年、二百年、千年かかるかもしれません。


日本は世界の歴史を変えました。

日本が存在したからこそ、多くの植民地が独立できました。

世界の科学の発展に貢献してきました。

それは今までの日本人のがんばり。

これからは、私たちや皆さんの番です。皆さんの子供たちや孫たちの番です。


世界の食料問題とエネルギー問題を日本人が解決。

最後には、宗教問題の解決に貢献。

そんな国になるように、今いる私たちは努力していきましょう。また、未来の日本人にも夢を託していきましょう。

それを可能にするのは、やはり「教育」なのだと思います。

日本が、世界の「食料問題」「エネルギー問題」「宗教問題」解決に貢献。
これでこそ『世界の奇跡ニッポン！』なのじゃ。
ワシは、日本の将来、君たちに期待する。
大黒屋

あとがき

最後まで、読んでくださってありがとうございます。

皆さんは、自分が日本人であることにどんな感想を持たれたでしょうか。

この本でお話しした内容は、ほとんどが、教科でいえば「社会科」の勉強です。私は社会科が専門ではないので、あまり上手にお話しできなかったのではないかと心配しています。

今までに読んだ本や新聞、雑誌、講演会の話などを元に、皆さんに伝えたい話をまとめました。

また、インターネットからの情報もあります。

特に、伊勢《いせ》雅臣《まさおみ》氏のホームページ「国際派日本人養成講座」は、大いに参考にさせていただきました。皆さんも読まれることをおすすめします。

自分で深く研究したものではないので、「受け売りの寄せ集め」という批判を受けても、反論はできません。

しかし、内容については、高校時代の社会科の恩師、仲田正之《なかたまさゆき》先生に吟味《ぎんみ》していただきました。仲田先生は、近代史の研究では高い評価と実績を持つ文学博士です。

また、後輩である大学教授、石丸憲一《いしまるけんいち》氏や月刊誌の元編集長、松下三枝子《まつしたみえこ》氏にはたくさんのアドバイスをいただきました。

ありがとうございます。

私は健康を害して何度か入院、手術を繰り返しました。そのつど、高木辰哉《たかぎたつや》、片桐浩久《かたぎりひろひさ》両ドクターには、危機を救っていただきました。今日、命があり、本の出版が可能になったのも、両ドクターと、親身になって看護してくださった看護師の皆さんのおかげです。

そして、今も支えてくれる家族、多くの方たちに感謝申し上げます。

最後に、皆さん。

この本では、主に、日本国民の全体的なすばらしさについて取り上げました。

しかし、日本の文化や個人の業績に注目すれば、まだまだ誇れるところはいくらでもあります。それにつきましては、どうぞ他の機会でも学習してください。

そして、自国に誇りを持ち、日本のことを正しく語ることができる日本人になってほしいと思います。
これからも、世界に貢献できる日本であってほしいと思います。

平成二十五年四月

著者

発刊を祝う

文学博士　仲田正之

昭和五十一（一九七六）年三月、静岡県立韮山《にらやま》高校柔道場で、当時二年生であった大川君に初めて会った。それ以来、三十年以上の永い付き合いである。

私と大川君とは、一応は、教師と教え子の関係である。しかし、彼は純粋な性格と持ち前の探究心で自らを高め、今や思考法では、彼から学ぶことのほうが多い。

その純粋な探究心が生かされたのは、教員になってからである。

教える立場となった「大川先生」は、何事にも、まずはチャレンジし、その体験を元にして、多くを語り、職務に生かした。

柔道、サッカー、一輪車、中国・カナダ留学、ギター、ドラム、尺八、炭焼き。さらに、濁酒《どぶろく》づくりにおよんでは、われわれを驚嘆させた。

平成十年、内閣総理大臣賞受賞の交通安全年間スローガン「運転手さん、小さな僕が見えますか」は、彼の指導助言によるものらしいが、キャッチ・コピーのセンスも光る。

また、子供たちにギターやドラムの楽しさを伝えたいと、近所の小学二年生でポップスバンドを結成。ヤマハ音楽祭地区予選では、並み居る高校生たちを抑え、県大会に出場したことは、印象的であった。その経験を音楽の授業に活用しているというから、いかにも彼らしい。

今、大川先生が一文を表して自らの信念、思考を示した。ここには、一人ひとりがよって立つ「日本」を見つめ、「日本人」であることを自覚する必要がある。

これがなければ、外国人と対話することはおろか、主張することもできない。

まして、世界に羽ばたくこともできない。

グローバル化が進む現代であるからこそ、正しい「日本語」を使い、「日本人」であることを自覚する必要がある。それを、大学生になってから学んだのでは遅すぎる。親は子供に昔話や歴史を語り、義務教育では、普遍的《ふへんてき》に知るべきを教えなければならない。

大川先生は、小学校教諭としての語り口をもってこの『世界の奇跡ニッポン!』を書いた。子供たちを対象としたものであるが、ぜひ親御さんにも読んでもらいたいものである。

小中学生には、抽象的で難解《なんかい》な部分もあると思われる。しかし、大人になってもう一度読んでみれば、彼のいわんとするところが、必ず理解できるであろう。繰り返し読むことで、自信も勇気もわいてくるであろう。

内容的には、あるいは史実と異なる箇所もあると異論を主張したい大人もあるかもしれないが、子供たちは本書によって、まず思考の基本を形成していただきたい。

大川先生の純粋無垢《むく》な性質、思考は必ずや子供たちの心に響くと信じている。本書の特色としては、ときおり挿入《そうにゅう》している逸話《いつわ》があるが、これだけでも必読に値する。

理工系の大川君が文系に幅を広げたものとして、人間的完成度をここに見る。

休職中は、治療に耐えながらの執筆《しっぴつ》、復職後も、勤務を終えての執筆は大変であったと思う。

平易《へいい》な語り口をもって、まず語っておきたい思想体系を理論的に展開した本書の刊行に祝辞を贈るものである。

平成二十五年四月

【主な参考文献】

渡部昇一著『古事記と日本人』祥伝社
橋本治著『古事記』講談社
坂本勝監修『古事記と日本書紀』青春出版社
竹田恒泰著『日本はなぜ世界でいちばん人気があるのか』PHP新書
竹田恒泰著『旧皇族が語る天皇の日本史』PHP新書
八木秀次著『日本の個性』育鵬社
小林よしのり著『天皇論』小学館
渡部昇一著『渡辺昇一の昭和史』ワックBUNKO
永江太郎監修『日露戦争百年』遊就館
司馬遼太郎著『坂の上の雲』文春文庫
オフィス五稜郭編集『日本海海戦』双葉社
歴史街道二〇〇五年六月号―日本海海戦―PHP研究所
正論平成十六年十二月臨時増刊号―日本海海戦と明治人の気概―産経新聞社
文藝春秋二〇一〇年十二月臨時増刊号―『坂の上の雲』日本人の奇跡―文藝春秋
文藝春秋二〇一一年十二月臨時増刊号―『坂の上の雲』日本人の勇気―文藝春秋

主な参考文献

岩間弘著『大東亜解放戦争』岩間書店
鈴木敏明著『大東亜戦争はアメリカが悪い』碧天舎
藤原正彦著『日本人の誇り』文春新書
三田村武夫『大東亜戦争とスターリンの謀略―戦争と共産主義―』自由選書
西尾幹二『国民の歴史』産経新聞社
新渡戸稲造著・岬龍一郎訳『いま、拠って立つべき〝日本の精神〟武士道』ＰＨＰ文庫
藤原正彦著『国家の品格』新潮社
黄文雄著『日本人はなぜ世界から尊敬され続けるのか』徳間書店
森良之祐著『面白いほどよくわかる武士道』日本文芸社
歴史通二〇一〇年五月号『江戸は世界一の文化都市だった！』ワック出版
樋口清之著『梅干と日本刀』祥伝社
田中英道編集『日本史の中の世界一』育鵬社
辻本雅史著『教育を「江戸」から考える』ＮＨＫ出版
竹田恒泰著『ＥＣＯ・ＭＩＮＤ　環境の教科書』ベストブック
呉善花著『日本の美風』李白社
井沢元彦著『人類を幸せにする国・日本』祥伝社新書
小山田了三著『世界を支える日本技術』東京電機大学出版局
小寺圭著『ヘコむな、この10年が面白い！』風雲社

野村進著『千年、働いてきました』角川ＯＮＥテーマ21
山田吉彦講演「海洋国家日本・国境を考える」『歴史と教育　第一五六〜一五八号』自由主義史観研究会
西尾幹二代表執筆『新しい歴史教科書』扶桑社
北野幸伯著『隷属国家日本の岐路』ダイヤモンド社
安倍晋三『美しい国へ』文藝春秋
櫻井よしこ『日本人の美徳』宝島社新書

本書は二〇一三年五月に刊行した『～子供たちに伝えたい～　誇れ！世界の奇跡、ニッポン』を加筆・修正し改題した作品です。

著者プロフィール

大川 半左衛門（おおかわ はんざえもん）

本名 大川雅司
昭和34年生まれ。

昭和57年より静岡県田方地区の小学校を歴任。

所持教員免許状：小学校教諭、中学・高校教諭（数学・英語・中国語）。

教育奨励論文：静岡県（平成７）、静教弘（平成９）、はごろも（平成11）、いずれも優良賞。

算数（平成５）、体育（平成17）関係の考案品が教材教具のウチダより商品化される。

現在、テレビ電話による海外小学校との授業交流の有用性を模索中。

本文イラスト 萩坂史子

世界の奇跡ニッポン！

2013年11月30日 初版第１刷発行
2019年６月10日 初版第４刷発行

著 者 大川 半左衛門
発行者 瓜谷 綱延
発行所 株式会社文芸社
〒160-0022 東京都新宿区新宿１－10－１
電話 03-5369-3060（代表）
03-5369-2299（販売）

印刷所 図書印刷株式会社

ISBN978-4-286-14642-3 JASRAC 出1310992－301